# 世界一やさしい メルカリ転売の教科書1年生

池田一弥

ソーテック社

## ご利用前に必ずお読みください

本書に掲載されている説明を運用して得られた結果について、筆者および株式会社ソーテック社は一切責任を負いません。個人の責任の範囲内にて実行してください。

本書の内容によって生じた損害および本書の内容に基づく運用の結果生じた損害について、筆者および株式会社ソーテック社は一切責任を負いませんので、あらかじめご了承ください。特に、購入例や参考画像として紹介している商品は説明のための例示であり、特許・意匠権に侵害している可能性があります。購入の際は必ず事前に確認し、自己責任でご購入ください。

本書の制作にあたり正確な記述に努めていますが、内容に誤りや不正確な記述がある場合も、筆者および株式会社ソーテック社は一切責任を負いません。

本書の内容は執筆時点においての情報であり、予告なく内容が変更されることがあります。また、環境によっては本書どおりに動作および実施できない場合がありますので、ご了承ください。

※ 本文中で紹介している会社名、製品名は各メーカーが権利を有する商標登録または商標です。なお、本書では、©、®、TMマークは割愛しています。

Cover Design & Illustration…Yutaka Uetake

# はじめに

お金を稼ぎたいけど何から始めればいいのかわからない。

この本ではそうした悩みを持つ人達に、「**稼ぐためのきっかけ**」と「**稼ぎ続けるための考え方**」を紹介しています。この本を読めば「メルカリで利益を出すための基礎知識」「稼げる商品の探し方」「売れるためのテクニック」「商品の仕入れ方」といった、メルカリで一から稼ぐための最低限の基礎を身につけることができます。

こうした本を読んでみようと考える人の中には、「具体的に稼げる手法を知りたい」という人が少なからずいます。しかし、この本では「これを仕入れて販売すれば儲かります」といった具体的な商品の紹介はしていません。

その理由は簡単です。「具体的に稼げる手法を知りたい」と考えている人は、今も、そしてこれからも稼げるようにはなれないからです。

仮に、筆者がこの本で具体的に稼げる商品の紹介をしてしまうと、本を読んだ読者の皆さんが真似をして競争が激化し、結果的にみんなが稼げなくなってしまいます。「お金を稼ぐ」ことはそう難しくはありませんが、「**お金を稼ぎ続ける**」のはとても大変です。誰かに教えてもらった商品を販売して一時的に稼げても、いずれ稼げなくなる日がきます。その時に、また誰かが稼げる商品を教えてくれるとは限りません。こうした理由から、自分で「稼げる商品を探す」必要があるのです。この本では、具体的に稼げる商品の紹介はしていませんが、「稼げる商品の探し方」について解説しています。

実際に試してみると、思った以上に利益を出せそうな商品が見つかります。最初は難しいと感じることもあるかもしれませんが、慣れてくるとたくさん見つかるようになります。世の中には新しい商品がどんどん増えており、売れる商品もどんどん増えています。売れるようになると、こうした商品を探すのが楽しくなっていきます。

まずはメルカリ販売を通じて、毎月数万円の利益を出せるようになってください。これができるようになれば、あなたは毎月数十万円の利益を生み出すことができる基礎が身についています。メルカリで稼げるようになれば、その後は**Amazon**や**Yahoo!**ショッピング、楽天などの一般的なECサイトへの出店も視野に入ってきます。筆者がそうであったように、より本格的な事業へと拡大することも夢ではないのです。

この本は、手に取った読者が「**本当に稼げる力**」を身につけるための第1歩になるように書きました。

それでは授業を始めていきましょう！

池田一弥

# 目次

## 2時限目 まずはここから！メルカリの始め方

## 3時限目 「売れる商品」を探そう

## 4時限目 仕入れ値の決め方と仕入れ先の探し方

## 6時限目 競合との差別化をはかる商品販売のテクニック

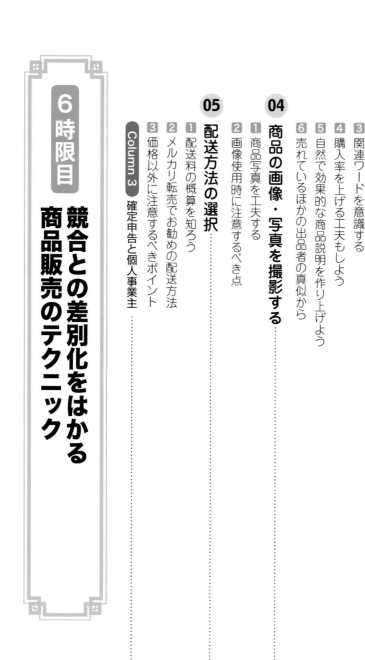

## 7時限目 海外仕入れで利益を伸ばそう

# 8時限目 いざというときに慌てないトラブル対処方法

# 1時限目
# 副業で一番稼ぎやすいのは断然メルカリ！

もっとも稼げるのがメルカリ販売である理由と、サラリーマンにもできるわけを紹介します！

# 01 気軽に稼ぎたいならメルカリから始めよう！

メルカリが注目されてから数年が経過した現在でも、メルカリで転売（販売）する魅力は変わっていません。むしろ、利用者数は増え続けているので、それだけ稼ぐチャンスが増えています。

特に、**これから副業やお小遣い稼ぎを始めたい**という方に、最初に始めてもらいたいのがこの**メルカリ転売**です。

なぜ**初心者にとってメルカリ転売が一番稼ぎやすい**のか。その理由をご紹介していきます。

## 1 メルカリ転売はとにかく気軽に始められる。

メルカリ転売を推奨する理由は、その**手軽さ**にあります。売りたい物が手元にあったら、スマホで商品写真を撮影し、商品説明を入力して出品するだけで簡単に商品を販売できます。

**スマホがあれば始められる**という手軽さから、初心者でも始めやすいのが魅力の1つです。

## 2 初期投資や専門知識が不要！

メルカリ転売は、**初期投資**や**専門知識**がほぼ**不要**です。

副業で稼ぐ方法としてよく挙げられる手法には「**株式投資・ＦＸ**」「**アフィリエイト**」「**ブロガー**」「**YouTuber**」などがあります。

これらの手法は、稼げる最大額はとても大きく魅力的ではあるものの、稼ぐためには専門的な知識やスキルが必要で、稼げるようになるまで多くの時間が必要です。そのため、全く稼げずに時間やお金を失って諦めるというケースも少なくありません。

本書で紹介するメルカリ転売は、メルカリや他のＥＣサイトから売れる商品を探しだし、それを安く仕入れて販売するだけなので、**特別な知識や専門スキルは、ほぼ必要ありません。**

また、商品の仕入れも少額から気軽に始めることができるので、**大きなリスクがない**のもポイントです。

## 3 少ない作業時間で始められる。

メルカリ転売は**少ない作業時間**で始められます。

現在、筆者も副業としてメルカリ転売をしていますが、**1日30分程度の作業で毎月5万円程度**

**の利益**を出しています。

毎朝出勤前にポストやコンビニで商品を発送し、出勤中の電車で商品を出品、夜帰宅してから発送の準備をしています。これらにかかる時間は**毎日30分程度**です。

商品の仕入れも、**インターネットで注文をするだけ**なので簡単です。

転売というと、実店舗で高く売れそうな商品を探す作業（**せどり**）をしたり、定価よりも高く売れそうな商品を並んで買ったり（**プレミアム転売**）というイメージを持つ人もいると思いますが、本書で紹介する転売は、インターネットで安く商品を仕入れてきてメルカリで販売するというものなので、こうした苦労はありません。

また、せどりやプレミアム転売のように、1個や2個しか仕入れられないものを仕入れて販売するのではなく、最初に売れる商品を見つけたら、まとめて仕入れて、それを継続的に販売していくのが本書で紹介する手法です。

そのため、少ない作業時間でも継続的な収入を得やすいため、**副業**をお探しの方や、**家事や育児の合間でお小遣いを稼ごう**と考えている方には、このメルカリ転売が効率的なのです。

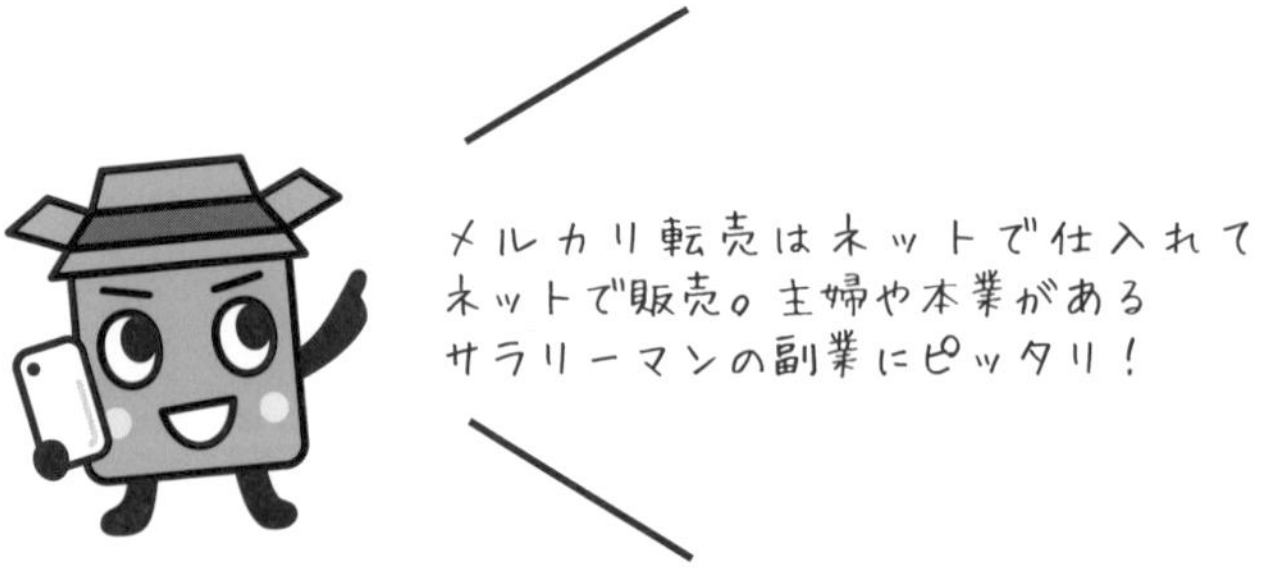
メルカリ転売はネットで仕入れて
ネットで販売。主婦や本業がある
サラリーマンの副業にピッタリ！

## 4 将来的な事業拡大で大きな収入に！

本書で紹介するメルカリ転売の手法は、一般的な小売業やECサイトの物販の方法と大きな違いはありません。そのため、メルカリで売れるようになったらECモールへ展開することで、大きく事業を拡大することが可能です（詳しくは次節の22ページを参照）

このようにメルカリ転売から始め、事業を拡大することによって、毎月数十万円〜数百万円の利益を獲得することも夢ではありません。

その第一歩として、メルカリ転売を始めてみてはいかがでしょうか。

### メルカリ転売をお勧めするポイント

1. スマホだけあれば始められる！
2. 少ない時間で稼げる！
3. 初期投資（資金）や専門知識は不要！
4. 将来はECサイトへ事業拡大も可能！

# 02 「メルカリ」が売れる理由

前節でメルカリ転売をお勧めする理由を説明しました。ここではメルカリだとなぜ売れるのか、**メルカリが転売に向いている理由**を説明します。

- **メルカリが転売にお勧めな理由**
- **圧倒的なユーザー数**
- **大量出品業者の排除**

## 1 ダウンロード数7，000万突破！

メルカリは2018年7月時点で、日本国内の**ダウンロード数が7，100万**と発表しています。複数回ダウンロードしている人もいるので単純には言えませんが、日本の人口が現在約1億

2000万人ですから、実に2人に1人以上がメルカリをダウンロードしている計算になります。

**参考 主要フリマアプリのDL数**
**メルカリ　7,100万（2018年7月）**
**ラクマ（旧フリル）　2,000万（2019年7月）**

右のように、メルカリは他の主要フリマアプリと比べて圧倒的なダウンロード数を誇っているのです。利用者が多ければ多いほど、商品を買ってもらえる可能性が増えるわけですから、メルカリが有利なのは言うまでもありません。また、メルカリ内での売上やポイントを購入に利用できることから、「メルカリ内でお金が回る」形になっているため、購入側も買いやすい状態になっていると考えられます。

## 2 大量出品業者は徹底排除して一般ユーザーも勝負できる！

メルカリが転売に向いているというのが一般にも知られてきたことによって、**自動出品ツール**と呼ばれるものを使う転売者たちが2016年頃に急増しました。

メルカリでは、**新着商品**や**検索結果の表示画面**で商品が上位に表示されている時間が長いほど、ユーザーの目にとまり買われやすい傾向があります。そのため、自動出品ツールを使って大量に商品を出品するユーザーが多く現れたのです。

これによりメルカリ内での健全性が損なわれていたのですが、２０１６年12月についにメルカリがその状況にメスを入れました。こうした大量出品をしていたユーザーたちに一斉に利用制限をかけたのです。これにより、**ツールを使うユーザーが有利という構図が崩れ、初心者ユーザーでも利益を出せる**ような健全なメルカリが戻ってきました。

その後も、メルカリによるツールの使用規制や、**手動でも大量出品をする行為などに実質的な制限が入る**など、一般ユーザーを重視したサービスをメルカリが運営していることから、初心者でも十分に稼げる環境です。この点でもメルカリは初心者に非常にお勧めできます。

● タイムライン画面

## 3 メルカリの規制後でも稼げる方法を身に着けよう

自動出品ツールを使用する手法のメルカリ転売ユーザーは、２０１６年12月の規制で大打撃を受けました。しかし、筆者が本書で紹介する手法は、規制に引っかかるものではない**正攻法な転売方法**です。

スタンダードな手法なのでしっかりと極めれば、メルカリの規制には影響を受けません。実際、筆者の２０１７年１月の振込申請履歴を見ると、**１週間で約16万円**を売り上げています。これは、メルカリによる規制が実施される前とほぼ変わらない数字です。**むしろライバルが減った分、売りやすくなりました。**

その後、２０１９年までに多くの人たちがメルカリを始めたことで、様々な商品で価格競争が発生しました。その結果１ヶ月の利益は５万円程度になりました。

しかしながら、メルカリで販売した経験を基に**Amazon**や**Yahoo!ショッピング**などの**ECモール**で商品販売を開始したところ、メルカリを超える売上を生み出しています。本書で書かれている知識や

● **筆者の振込申請履歴**

ノウハウは、メルカリに限らずネット販売全般に通用する内容になっています。

最初はメルカリという手軽なプラットフォームで小さくビジネスを開始し、慣れてきたらより大きく販売することもできます。

本書では、毎月3万円程度のお小遣い稼ぎをしたいという方から、副業転売でしっかり稼ぎたい方が、しっかり稼げるようになる手法をみなさんに伝えたいと思いますので、よろしくお願いいたします。

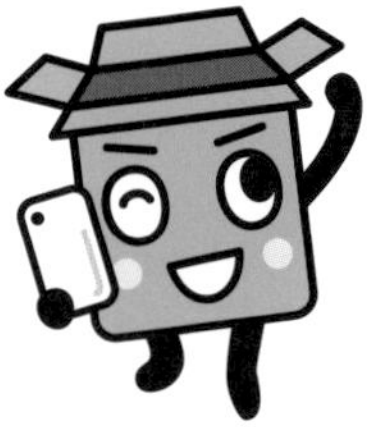
大量出品者がいなくなった今が、むしろ副業開始のチャンス！

### メルカリ転売のポイント

1. メルカリは利用者が多く、断然売りやすい！
2. 大量出品の業者を排除して、一般ユーザーが売り易い状況に
3. 規制を受けない、正攻法の転売で儲けよう！

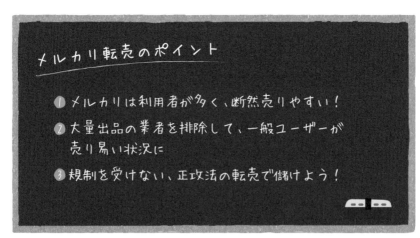

# 2時限目
# まずはここから！メルカリの始め方

メルカリの独自文化や取引の流れなどを紹介します。これでメルカリの基本はばっちり！

# 01 アカウント作成

メルカリで商品を出品するためには**アカウントの登録**作業が必要です。登録には事前に用意が必要なものがありますので、実際に見ていきましょう。

## 事前に用意が必要なもの

パソコンからメルカリアカウントを取得する場合と、スマホから取得する場合で必要なものが異なります。

**パソコンの場合**

- **メールアドレス**
- **クレジットカード**
- **電話番号**

**スマホの場合**

- **メールアドレス**
- **電話番号**

**パソコン**の場合は、アカウント作成時に**クレジットカード**の登録が必須となっています。クレジットカードをお持ちでない方は、スマホから登録してください。

また新規登録の場合、**電話番号（携帯電話）**はメルカリにまだ登録していない番号が必要です。一度メルカリに登録した電話番号で登録する場合は、新規登録ではなく**再登録（再設定）**という形になります。

## 1 実際の登録手順

それでは実際にメルカリのアカウントを取得していきます。ここではパソコンからの登録手順を紹介します。

### STEP 1 メルカリのトップページで新規会員登録をクリック

メルカリのトップページ（https://www.mercari.com/jp/）へアクセスし、画面右上の「新規会員登録」をクリックします。

mercari
何かお探しですか？
カテゴリーから探す
ブランドから探す
新規会員登録
ログイン
スマホで かんたん
フリマアプリ
メルカリはスマホカメラからすぐに出品できる
購入時も安心な独自システムのアプリです
App Store
Google Play
「新規会員登録」を
クリックします
QRコード
人気のカテゴリー
レディース
メンズ
家電・スマホ・カメラ
おもちゃ・ホビー・グッズ
レディース新着アイテム
もっと見る
¥13,300
QRコードを読み込むとサイトへ簡単にアクセスできます！

**STEP 2**「認証方法の選択」

メルカリのアカウント登録はメールの他、Facebook や Google のアカウントでも可能です。今回はメールアドレスを使って新規登録をしていきます。

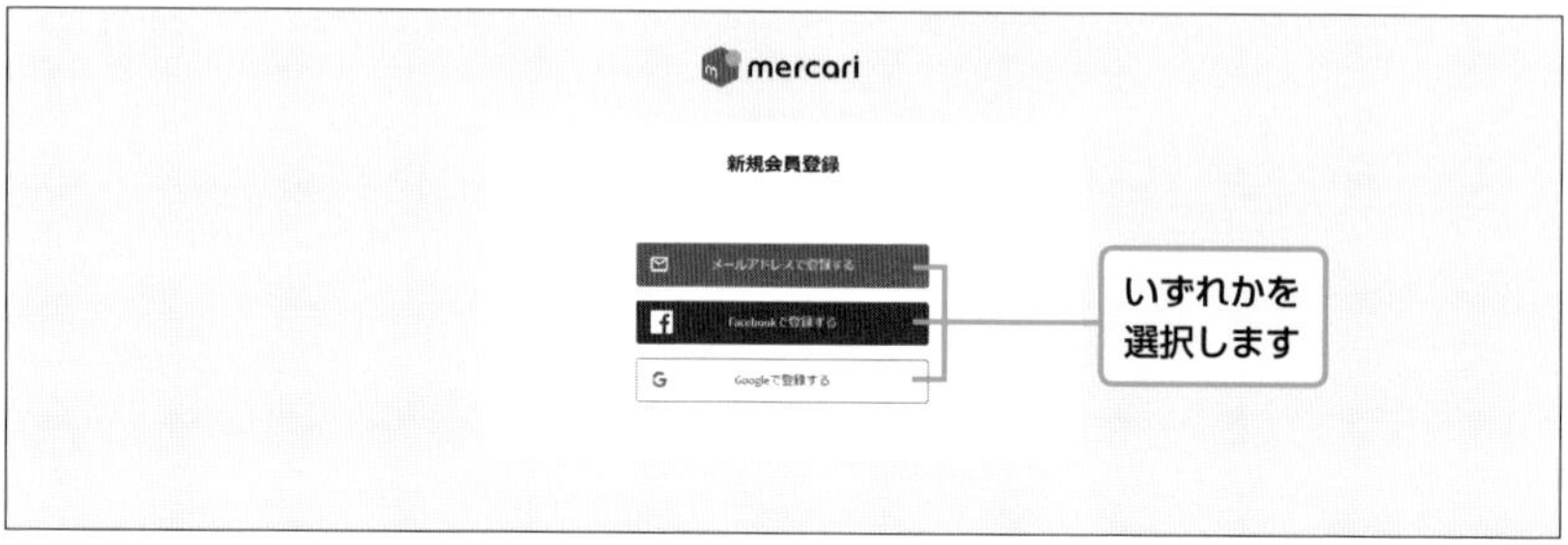
mercari
新規会員登録
メールアドレスで登録する
Facebookで登録する
Googleで登録する
いずれかを選択します

**STEP 3**「会員情報入力」

メールアドレスやメルカリ上で使うニックネーム、ログイン時のパスワードなどの会員情報を入力していきます。

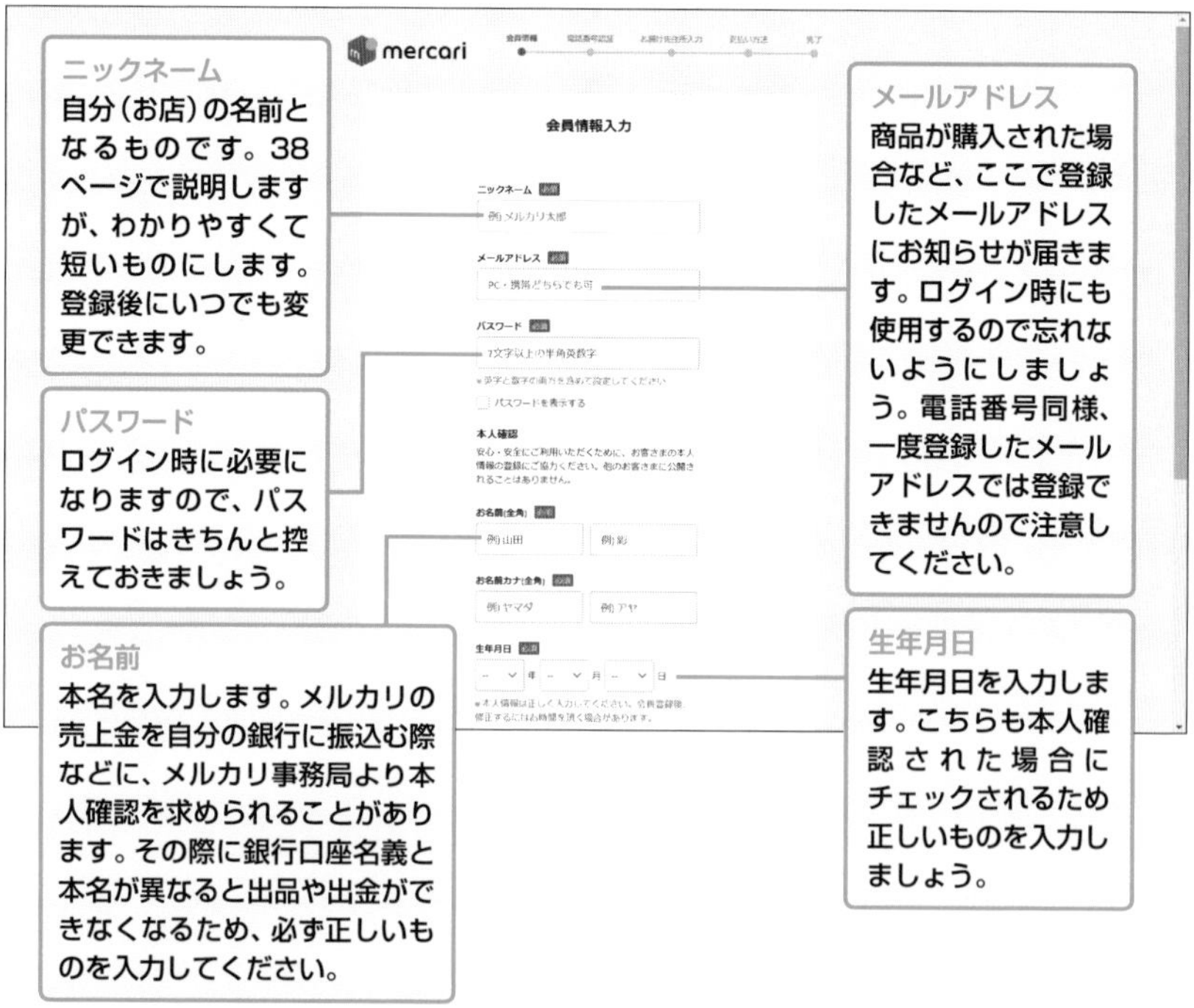
mercari
会員情報入力
ニックネーム 必須
例)メルカリ太郎
メールアドレス 必須
PC・携帯どちらでも可
パスワード 必須
7文字以上の半角英数字
パスワードを表示する
本人確認
お名前(全角) 必須
例)山田
例)彩
お名前カナ(全角) 必須
例)ヤマダ
例)アヤ
生年月日 必須
ニックネーム
自分(お店)の名前となるものです。38ページで説明しますが、わかりやすくて短いものにします。登録後にいつでも変更できます。
パスワード
ログイン時に必要になりますので、パスワードはきちんと控えておきましょう。
お名前
本名を入力します。メルカリの売上金を自分の銀行に振込む際などに、メルカリ事務局より本人確認を求められることがあります。その際に銀行口座名義と本名が異なると出品や出金ができなくなるため、必ず正しいものを入力してください。
メールアドレス
商品が購入された場合など、ここで登録したメールアドレスにお知らせが届きます。ログイン時にも使用するので忘れないようにしましょう。電話番号同様、一度登録したメールアドレスでは登録できませんので注意してください。
生年月日
生年月日を入力します。こちらも本人確認された場合にチェックされるため正しいものを入力しましょう。

## STEP 4 「電話番号の確認」

電話番号の登録をします。「携帯電話の番号」に電話番号を入力して「SMSを送信する」ボタンをクリックすると、登録した電話番号にSMS（ショートメッセージ）が届きます。SMSが利用できない場合は、携帯番号を入力した次のページで表示される「電話で認証番号を聞く（通話料無料）」をクリックすると、入力した電話番号に電話がかかり、機械音声で伝えられる番号を入力すれば認証できます。

## STEP 5 「発送元・お届先住所入力」

自分の本名や住所を記入していきます。名前や住所は、メルカリ便などを使用しなければ相手には公開されない情報ですが、偽名や嘘の住所を記入してはいけません。返品時に実際の名前や住所を公開しなければならないこともありますし、虚偽の情報を記載していた場合、特定商取引法違反にあたる恐れがあります。特に転売目的でメルカリを使用する場合は、特定商取引法や古物営業法などが関わってくる可能性がありますので、本名や住所は正確に記入しましょう。また、メルカリ事務局から本人確認された場合に出品や出金ができなくなる原因となってしまうこともあります。必ず正しい情報を入力します。

**STEP 6** **「支払い方法の入力」**

パソコン版の場合は、支払い方法の入力としてクレジットカードの入力が必要です。入力しても勝手にお金が支払われるわけではありませんので安心してください。本人確認の一環としてクレジットカードの登録が必要なようです。

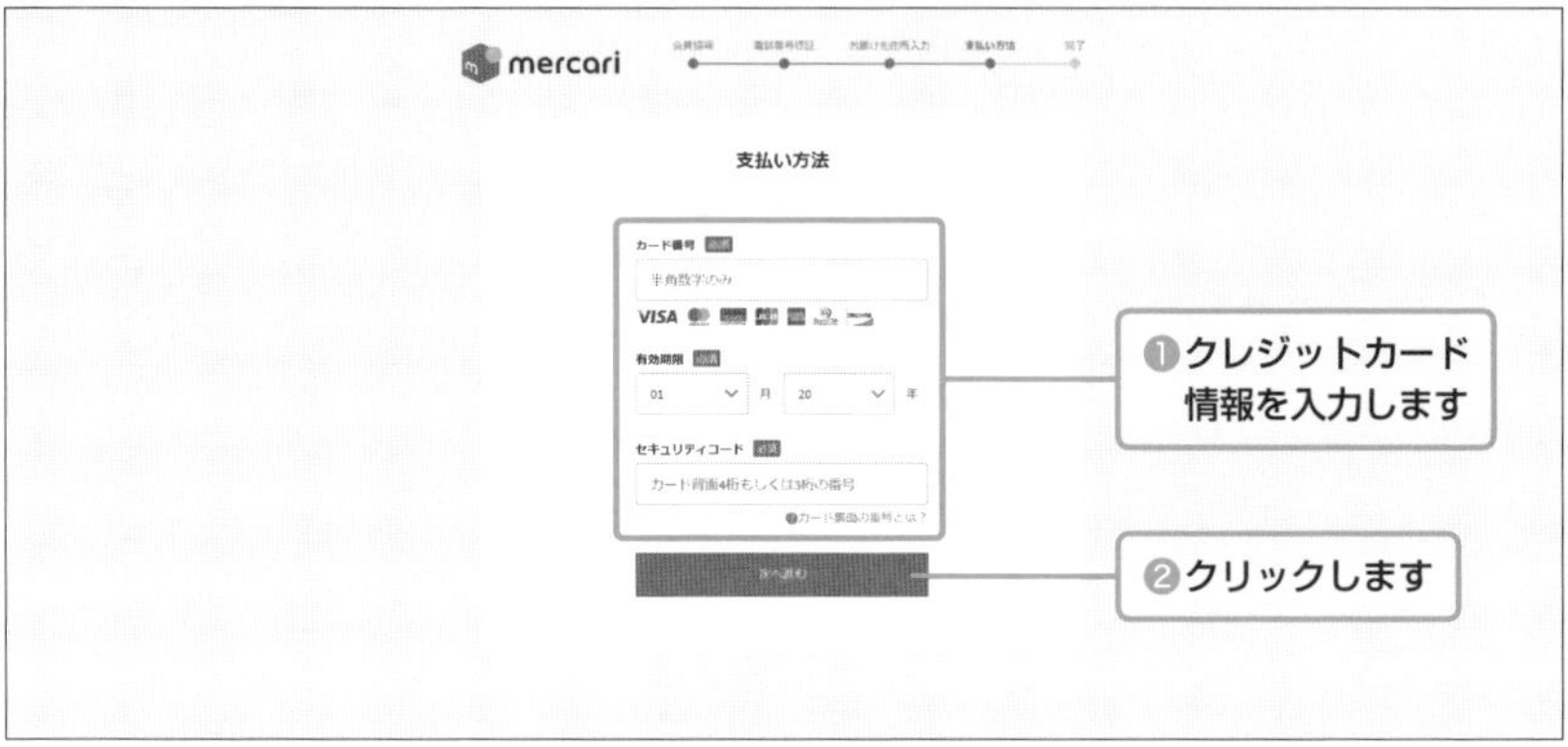


## アカウント作成のポイント

❶ 登録に必要なものは「メールアドレス」と「電話番号」

❷ パソコンで登録する場合は「クレジットカード」も必要

❸ 電話番号認証は「SMS（ショートメッセージサービス）」か音声通話で認証番号を入力

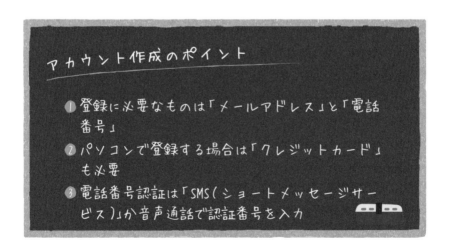

# 02 プロフィール作成

出品を開始する前に**プロフィール**を入力しておきましょう。プロフィールは、購入者に信用してもらうための重要な要素です。本気で転売を開始しようと考えているなら、面倒がらずに必ず設定しましょう。

## 1 実際のプロフィール例

メルカリでは、次ページのようなプロフィールを設定できます。プロフィールの書き方は、人によって様々です。

プロフィール設定をしなくても売買はできますが、購入者は必ずと言っていいほど出品者のプロフィールを見てから購入するかどうかを決めます。売上げアップのためにも、必ずポイントを押さえたプロフィールの作成を心がけましょう。

出品者のプロフィールは、
買う側から見ると貴重な情報源。
面倒がらずに丁寧に作成しよう。

## 2 プロフィール設定が重要な理由

なぜプロフィールの設定が重要なのかを説明していきます。理由は大きく2つあります。

### お客さんに信用してもらう

インターネットでの取引は、店舗での取引と違い、相手の顔が見えません。しかもメルカリの場合、販売に慣れていない一般ユーザーも多数出品しているため、取引のトラブルが起きやすくなります。

そのため、慎重な購入者は、出品者を見極めてから購入します。そこで、相手に信用されるようなプロフィールの作成が重要となるのです。

### トラブルを回避してもらう

プロフィールを充実させることで、トラブル回避にもつながります。

例えば、副業としてメルカリ販売をする場合、本業中の日中は対応できず、朝や夜間にしかコメント返信や発送ができないことがあります。そのような事情を、あらかじめプロフィールに記載することによって、すぐに返信が欲しい購入者や、即日発送して欲しいといった購入者とのトラブルを避けることにつながります。

以上の理由から、プロフィールの設定はとても重要です。
それでは実際にプロフィールを設定していきましょう。

## 3 プロフィール写真の設定

**プロフィール写真**は、購入者があなたをイメージするための重要なポイントです。購入しようとする相手が、「この人なら安心して購入できそうだ」と思える画像にしましょう。例えば、プロフィール写真に、とても怖い顔の男性が写っていたとします。あなたはその人から購入したいと思うでしょうか。「この人から購入して、なにかトラブルがあったら返品とかできないのでは」などと不安に思う人もいるでしょう。そうしたことを避けるためにも、相手から信用してもらえるような画像を選ぶのがポイントです。

ただし、使用する写真は、必ず**自分で撮影した写真**や**フリー素材**と呼ばれるものにします。他人の画像を無断で使用することは著作権法違反ですので、十分注意してください。

それでは、実際にどういった画像を設定すれば良いのかを紹介していきます。

### 最も良いのは「自分の写真を使う」こと

プロフィール写真として最も望ましいのは、**自分の写真**（**肖像**）を掲載することです。インターネット上に自分の顔写真を公開することに抵抗がある人も多いと思いますが、販売者の肖像を掲載するのは、相手からの信頼に最もつながります。

自分の顔写真を使う場合は、笑顔の写真など、爽やかな印象で写っているものを使いましょう。相手に「この人なら安心かも」と思ってもらえるような写真の選択が重要です。もし顔出しが難しいのであれば、顔が判別できない角度の自分の写真を使う等、工夫をしましょう。

## 写真の掲載例

次ページに、出品者の顔がわかる写真と顔がわからない写真のケースのプロフィール画像の例を用意しました。顔写真を使わない場合でも、こうした写真は出品者の雰囲気を伝えることができます。

## フリー素材を使用する

自身の肖像を使うことに抵抗がある場合は、「**フリー素材**」を利用する方法があります。フリー素材とは、写真やイラストなどを一定の条件で使用を許可したものです。「写真　フリー素材」などとウェブ検索すれば、フリー素材を提供するサイトがいくつか出てきますので、あなたやお店のイメージとなる画像を探してみてください。

● **写真掲載例2**
**（出品者の顔がわからない写真）**

● **写真掲載例1**
**（出品者の顔がわかる写真）**

**使用例**

● **猫など動物の写真を使う**
**（温かいイメージを抱いてもらう）**

● **車の写真を使う**
**（車関係の店であるとイメージしてもらう）**

## フリー素材サイト

人気のフリー素材サイト「**ぱくたそ**」では、記事執筆時点（2020年1月）で約26，000枚以上の掲載枚数があります。高画質・高解像度はもちろん、面白・ネタ画像など充実しています。モデル写真のフリー素材もありますが、利用には注意が必要です。

## フリー素材利用時の注意点

フリー素材を使う場合、もっとも注意すべき点は**使用条件**です。使用条件には「**商用利用可能**」

● **フリー素材の人気サイト「ぱくたそ」（https://www.pakutaso.com/）**

と「**商用利用不可**」の場合があります。メルカリ転売は商用利用に該当しますので、商用利用可能なフリー素材を選んでください。

また、フリー素材の中には、モデル写真を商用利用可能として使用できるものがあります。ですが、その場合は別途注意が必要です。**そのモデルがあたかも自分であるかのように使うのはNGです**。つまり、プロフィール写真にフリー素材のモデル画像（人物画像）を使用するのは非常に注意が必要です。そのため、本書ではできるだけ自分の画像を使うことを推奨しています。

## 写真の登録方法

記事執筆時点（2020年1月）では、プロフィール写真はパソコンからは設定できません。設定にはスマホを使う必要があります。

メルカリのスマホアプリ上のメニューから「マイページ」➡「プロフィールを見る」➡右上のメニューボタンの「プロフィール編集」から自分のアイコン写真をタップすると、カメラ撮影・画像登録画面が表示されるので、ここで画像の設定をします。

● プロフィール写真の設定

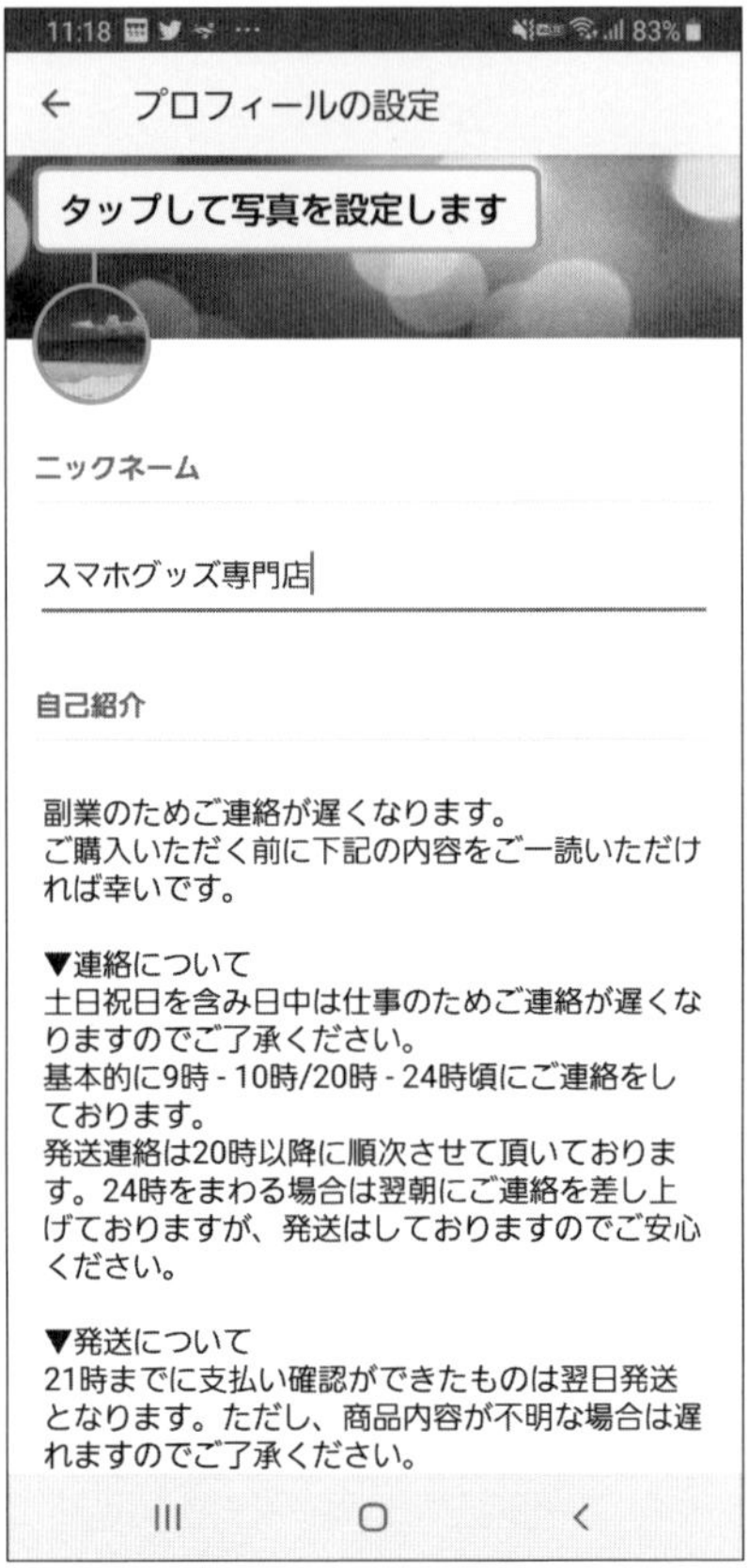
11:18
83%
プロフィールの設定
タップして写真を設定します
ニックネーム
スマホグッズ専門店
自己紹介
副業のためご連絡が遅くなります。
ご購入いただく前に下記の内容をご一読いただければ幸いです。
▼連絡について
土日祝日を含み日中は仕事のためご連絡が遅くなりますのでご了承ください。

基本的に9時 - 10時/20時 - 24時頃にご連絡をしております。

発送連絡は20時以降に順次させて頂いております。24時をまわる場合は翌朝にご連絡を差し上げておりますが、発送はしておりますのでご安心ください。
▼発送について
21時までに支払い確認ができたものは翌日発送となります。ただし、商品内容が不明な場合は遅れますのでご了承ください。

## 4 ニックネームの作成

メルカリ上の「**ニックネーム**」を設定しましょう。短くてわかりやすい名称が良いです。

**ニックネーム例**

- **車専門店イケダ**
- **イケダ**

右のように、「車専門店」と付けることで、購入者はあなたの出品商品一覧を見てくれるかもしれません。最初はドライブレコーダーを探してあなたの商品ページに訪れた人でも、ニックネームを見ることで、「あ、別のカー用品も売ってるんだ。ちょっと見てみよう」と考え、あなたが出品する別のカー用品を購入してくれるかもしれません。

また、シンプルな名前を付けるメリットもあります。実際に見ていきましょう。

## メルカリのニックネームでよく見かける表現

メルカリではニックネーム欄に、本来のニックネームに続けて次のような情報が記載されているのをよく見かけます。

- **プロフ必読**
- **50％セール中**
- **12／5まで発送休止中**

例えば、「イケダ※**プロフ必読**」のようなニックネームの場合は、

ニックネームも、購入者の気持ちを
意識した名前をつけよう。

「購入前にプロフィールを確認して欲しい」ということが伝わります。商品ページだけに記載しきれない情報をプロフィールに書いてある場合などに使われます。これはトラブル回避のために重要な役割を果たします。

「50%セール中」と記述することで、価格に敏感な購入者に出品商品一覧を見てもらえる可能性が高まり、商品が売れる確率も高くなります。

出品中ながらすぐに発送できない場合などは、プロフィールに「12/5まで発送休止中」などと記載することで、購入希望者に事前に知らせることができます。これもトラブル回避のために重要です。

このように、ニックネーム欄に「**お知らせ**」を記載することで、売上アップやトラブル回避につなげられます。

なお、メルカリのニックネームの文字数は「**最大20文字**」という制限があります。ニックネーム自体を短くすることで、補足情報を多く載せることができるのです。

## 5 プロフィールの入力

次に、自己紹介部分について考えます。プロフィール欄では、**各商品ページの説明に書ききれないような内容**や、**全商品に共通する内容**を記載していきます。このプロフィールを充実させることで、トラブルを回避できるほか、売上アップにもつながりますので、きちんと記述しましょう。実際に記載する項目を見ていきます。

**記載する内容例**

- **出品者について**
- **商品の状態について**
- **発送について**
- **初期不良時の対応について**

### 出品者について

**出品者**（自分）についての説明を、簡潔にしておきましょう。「副業なので返信が遅くなります」などと記載することで、返信が遅くなることを理解してもらいましょう。

■出品者についての記載例
車用品を扱っている池田です。副業でメルカリを始めました。丁寧で素早いお取り引きを心がけています。日中は仕事の関係で返信が遅くなることがありますのでご了承ください。

## 商品の状態について

**商品の状態**は、「**新品**」「**未使用品**」「**中古品**」などの区別のほかにも、注意すべきことがあります。例えば、自分では気にしないような汚れや傷でも、購入者が気にすることがあります。購入後のトラブルにならないように、しっかりと記載する必要があります。

こういった情報は、基本的には商品説明に書くべきことですが、出品する全商品に共通する内容については、別途プロフィールでも注意書きしておきましょう。

■商品の状態についての記載例
当店で扱う商品の多くは、格安で販売するため、海外から輸入しております。その性質上、本体に多少の傷がついていることがございますが、使用上問題のないものを販売させて頂いております。また、輸送の問題で、パッケージに箱潰れなどがあることがございます。国内製品同様の品質を求められる方、細かい点が気になる方は購入をお控えください。

## 発送について

**発送**についての注意書きをプロフィールに記載しておきましょう。これも、各出品商品の説明に記述するべきものです。しかし、発送に関して出品者共通の内容があれば、プロフィール欄にも記載しておきましょう。購入者はこれを参考に商品購入をするか検討できますし、出品者側も商品説明欄を有効活用することができます。

**■発送についての記載例**
**土日祝日を除き21時までに支払い確認ができた注文は、翌日発送が可能です。5，000円以上の商品はメルカリ便での配送です。到着日をご希望される方はあらかじめお届け先の県と日時をご相談ください。通常発送日の翌日に到着しますが、北海道・沖縄・九州の場合は、発送後翌々日に到着となります。その他の商品については定形外郵便での発送となります。**

## 初期不良時の対応について

転売をしていると、どうしても**初期不良品**に出会うことがあります。販売商品が初期不良であった場合の対処法を事前に検討し、プロフィール欄に記入することが重要です。

当たり前のことですが、**初期不良品の場合は、返品・交換・返金をしましょう**。初期不良時の対処法を明記することで、購入前のお客さんは安心してあなたから商品を購入することができます。

**■初期不良時の対応についての記載例**
**商品は一度開封して検品していますが、海外輸入製品のため、時折不良品がございます。そのような初期不良などある場合は商品到着後2週間以内にご連絡を頂ければ、内容確認後に交換対応をさせて頂いております。返品・再送時の配送料はこちらで負担をしています。初期不良かと思われる際は、評価をつける前にご一報ください。ただし、在庫状況によっては交換にお時間を頂くことがありますが、ご容赦ください。**

## プロフィールで書いてはいけない記述例

メルカリは、取引終了後に必ずお互いの取引相手の評価をします。購入者の中には、商品を購入する際、**出品者の評価**を特に気にする人がいます。「評価が高い出品者から購入したい」と考えるのは当然でしょう。そのため、出品者である私たちは、自分の評価が良くなるように取引を進めなければなりません。

しかし、自分では適切に行ったつもりでも、理由もなく購入者に悪い評価をつけられてしまうことがあります。そうしたことを防ぐために、次のような記述をプロフィールに書いている出品者を見かけます。

■プロフィール記入時のNG例

**こちらの話も聞かずに一方的に悪い評価をつける方の購入はお控えください。**

不当に悪い評価をつけられたくない気持ちは理解できますが、筆者は**逆効果**だと考えています。過去に取引がない購入希望者には、ただ感じの悪い人だというイメージしか与えません。そのため、こうした記述はなるべく控えたほうが得策です。

## 6 出品前には必ずプロフィールを作成しておこう

以上でプロフィールの作成は終了です。プロフィールはとても重要な項目ですので、出品前には必ず記入しておくようにしましょう。

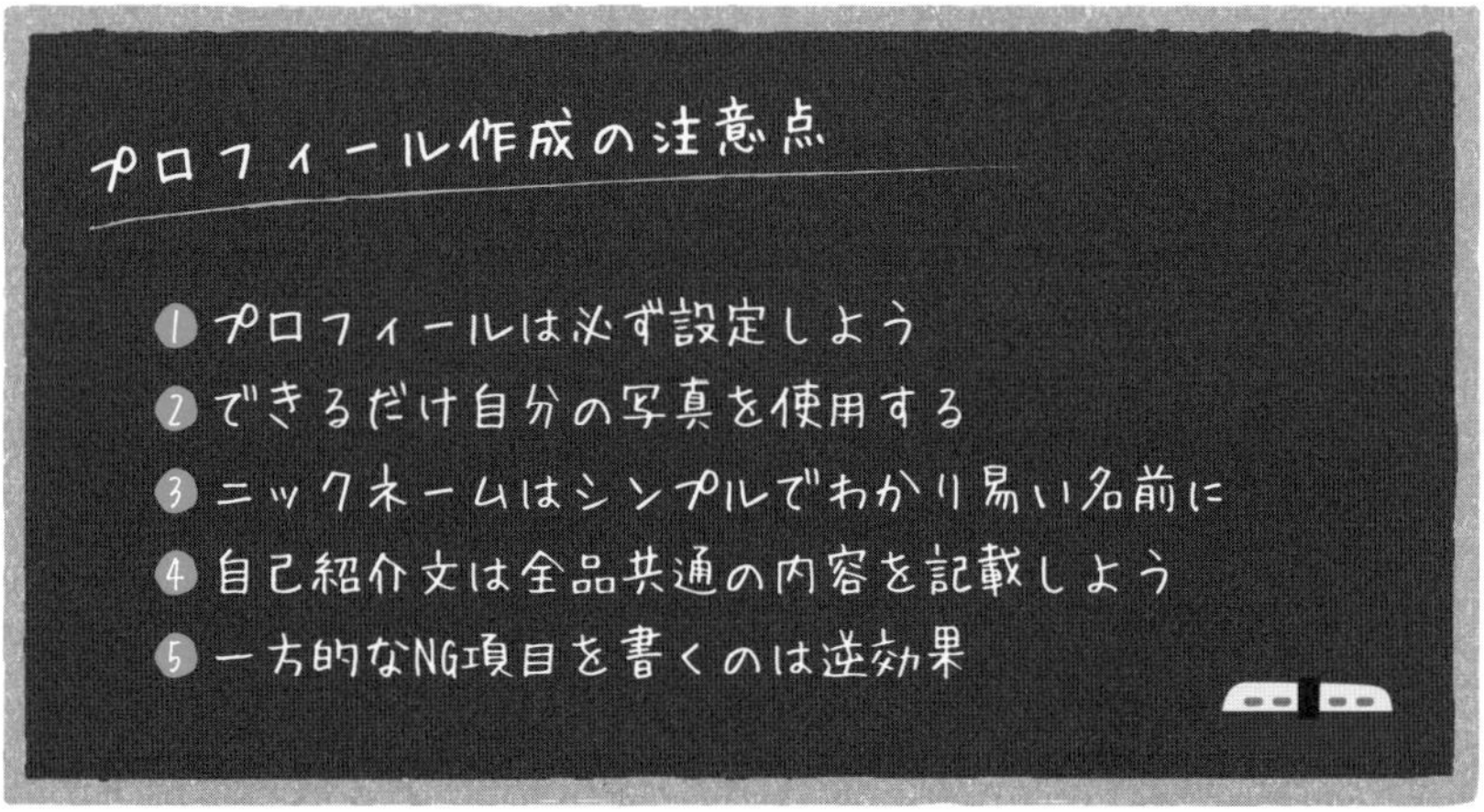
プロフィール作成の注意点
1 プロフィールは必ず設定しよう
2 できるだけ自分の写真を使用する
3 ニックネームはシンプルでわかり易い名前に
4 自己紹介文は全品共通の内容を記載しよう
5 一方的なNG項目を書くのは逆効果

# 03 メルカリの独自文化を知ろう

実際に出品を始める前に、**「メルカリ独自の文化」**を理解しておきましょう。メルカリには独自の文化・ルールがあります。メルカリ運営会社が課している公式ルールではありませんが、知らないで出品をすると困ることもありますので、事前に確認しておきましょう。

**メルカリの独自文化・ルール**
- **コメント**
- **専用出品**
- **即購入**
- **値引き交渉**

一つずつ説明していきます。

## 1 コメント

メルカリにはコメント機能がありますが、機能だけでなく**「コメント文化」**と呼ぶべきものがあります。

通常のネットショップの場合、お客さんは何も言わずに商品を購入してくれます。しかし、メルカリでは多くの場合、購入前にコメントで質問を受けます。また、商品に関する質問はもちろん、**「購入しても良いですか？」**というコメントもあります。このコメントに対応していくことが、出品者として求められます。

### コメント

¥1,800 送料込み
売り切れました
2年前に入学式で着用しました。
ジャケット、ズボン、ネクタイの3点セット（黒）です。
ネクタイは取り外し可。
ズボンはハーフ丈で、後ろがゴムになっています。
大小のスペアボタンもひとつずつ付いています。
目立った汚れ等はありませんが、神経質な方はご遠慮ください。
ジャケット胸囲60
ズボン胴囲54
ポリエステル100%
いいね! 2
不適切な商品の報告
あんしん・あんぜんへの取り組み
ぱぽ
コメント失礼します。
股下の長さを教えてください。
相手のことを考え丁寧なコメントを心がけましょう。不快な言葉遣いなどは利用制限や退会処分となることがあります。
出品

商品についての質問や、購入確認など、メルカリではコメントが届くのが一般的です。

## 2 専用出品

メルカリで商品を出品していると、コメントで「**専用お願いします**」などと言われることがあります。この「**専用**」というのは、「特定の人に対する専用の出品」のことです。つまり、「専用お願いします」と言われた場合、「自分（購入希望者）用に再出品してください」という意味です。

● **専用出品**

メルカリの規約では禁止されていますが、ユーザー同士の独自ルールとして横行しています。専門用語として知っておきましょう。

これはどういうことかと言うと、「購入する意思はあるけど、直ぐには支払えないので、ちょっと待ってください」と解釈すれば良いでしょう。簡単に言えば、**「予約・取り置き」**のようなものです。メルカリでは、業者でなければ在庫を複数持っているということがないので、このような「専用」という文化が生まれたわけです

## 3 即購入

メルカリで商品説明を見ていると、**「即購入OK」「即購入NG」**という言葉を見かけます。これは、**コメントなしに商品を購入しても良いかどうかという意味**です。「即購入OK」は、コメント不要で購入しても良いという意味で、「即購入NG」は、購入前にまずコメントを投稿してください、という意味です。

複数のサイトで出品をしているような出品者の場合、万が一同時に商品が売れてしまうと、在庫がなくなってしまい、トラブルになってしまいま

● 値引き交渉

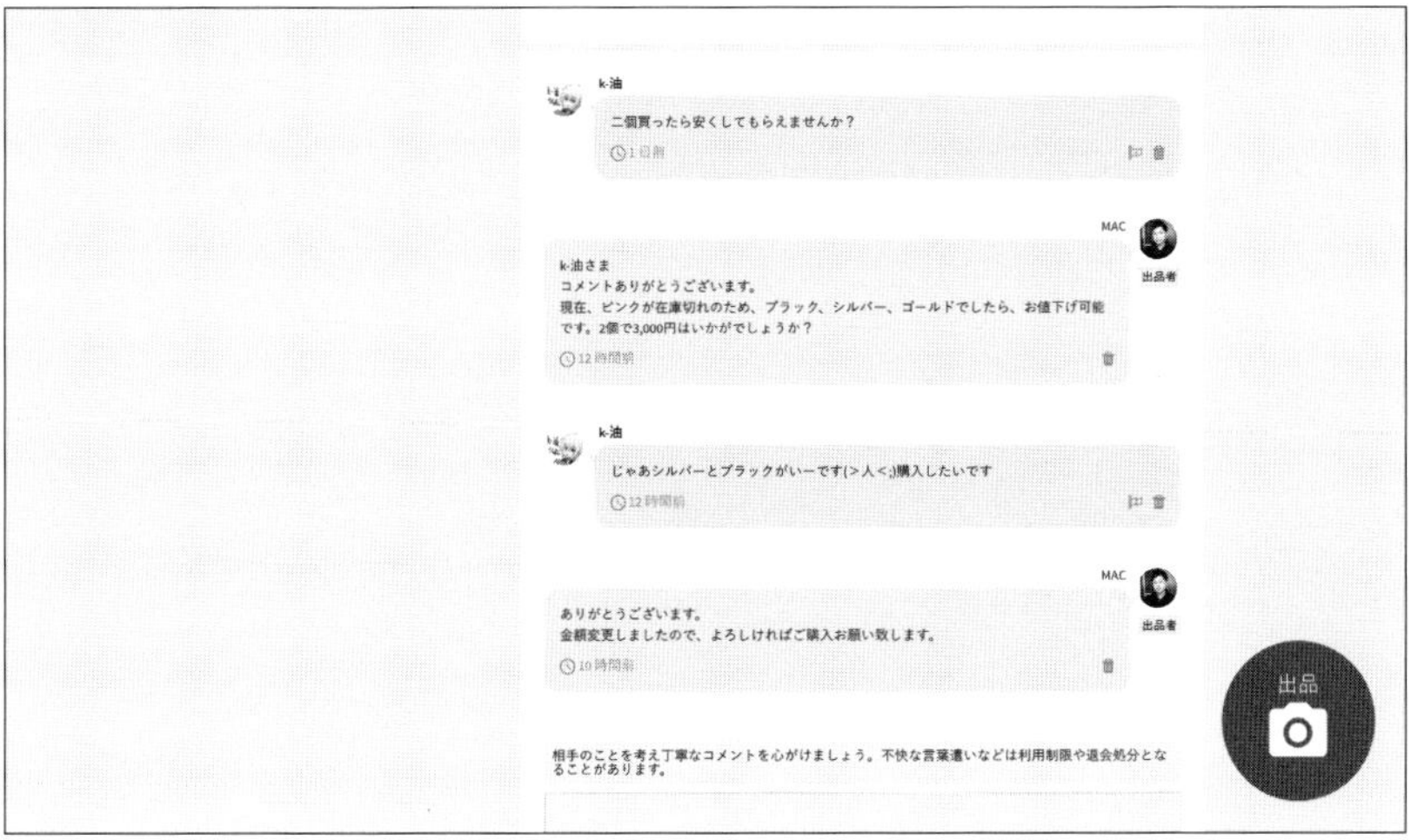
k-油
二個買ったら安くしてもらえませんか？
MAC
出品者
k-油さま
コメントありがとうございます。
現在、ピンクが在庫切れのため、ブラック、シルバー、ゴールドでしたら、お値下げ可能です。2個で3,000円はいかがでしょうか？
12時間前
k-油
じゃあシルバーとブラックがいーです(>人<;)購入したいです
12時間前
MAC
出品者
ありがとうございます。
金額変更しましたので、よろしければご購入お願い致します。
10時間前
出品
相手のことを考え丁寧なコメントを心がけましょう。不快な言葉遣いなどは利用制限や退会処分となることがあります。

すので、こうしたことを避けるために即購入の可否が記載されるようになったようです。

## 4 値引き交渉

メルカリはフリマアプリですので、コメント欄での**値引き交渉**があります。必ずしも値引きに応じる必要はありませんが、安易に断ると他の購入希望者から悪いイメージを持たれることもあります。一方で、値引きを一度受け入れると、その後は値引き後の価格で販売しなければならないような状況に陥ることもあります。

これを避けるためには、商品によって値引きをするかしないかを事前に決め、その方針を貫くことが重要です。また、特定の人に対してのみ特別扱いをするのは避けましょう。値引き交渉への対応については、１４６〜１４７ページでも解説します。

こうしたメルカリの独自文化・ルールを理解した上で、価格設定や商品説明などを記入していくことが重要です。

### メルカリの独自文化のポイント

1. 黙って購入しない「コメント文化」がある
2. 購入者用に取り置く「専用出品」
3. 在庫切れを避ける「即購入」の可否確認
4. 値引き交渉

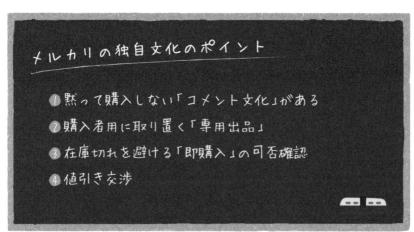

# 04 メルカリの取引の流れを知ろう

出品を始める前に、メルカリの取引の一連の流れを知っておきましょう。流れを知ることで、取引のポイントを押さえることができます。

ここでは、出品者側から見たメルカリの取引の流れを解説します。

**出品者側から見たメルカリの取引フロー**

- Step 1 出品作業
- Step 2 コメントチェック
- Step 3 お礼と発送についての連絡
- Step 4 発送作業・発送通知
- Step 5 評価

1

## Step 1 出品作業

まずは商品の出品です。出品にあたり、次の要素を決める必要があります。

- **10枚の画像**
- **商品名**
- **商品の説明**
- **カテゴリー**
- **商品状態**
- **配送料の負担**
- **配送方法**
- **発送元の地域・発送までの日数**
- **販売価格**

これらを用意・決定して、メルカリで出品します。

## Step 2 コメントチェック

出品後は、**コメント**のチェックをします。スマホの場合は、メルカリからの**通知**を有効にしておけば、コメント投稿を受けた際に通知が届きます。パソコンのブラウザで管理する場合は、通知がないので随時コメントをチェックするようにしましょう。

コメントしてくれる人は、あなたの商品に興味を持っている人です。なるべく素早く丁寧な対応をするように心がけましょう。

## Step 3 お礼と発送についての連絡

商品が売れたら、まずはお客さんに「**お礼の連絡**」と「**発送日の目処**」を伝えましょう。この連絡をせずに発送してしまうと、後で悪い評価をつけられてしまうことがあります。

Ｓｔｅｐ２のコメントチェック同様に、お客さんとはマメにコミュニケーションを取ることでトラブルを回避できます。販売後には必ず連絡しましょう。

売れる前のコメント対応や、
売れた後のお礼や連絡は、
面倒くさがらずに丁寧に行おう。

## Step 4 発送作業・発送通知

お礼コメントをした後、**発送手配**をします。丁寧に**梱包**をし、発送作業をします。お金を払って買ってもらっていますので、できるだけ丁寧な梱包を心がけてください。梱包などを雑にしてしまうと、悪い評価をつけられてしまうことがあります。十分注意をしてください。

なお、商品と一緒に**手書きのお礼状**を同梱すると、購入者に好感を持ってもらえますので、そうした気遣いも良いかもしれません。

発送作業が完了したら、購入者へ**発送通知**をします。発送作業から実際に購入者の元へ商品が届くまでは時間がかかるので、その都度報告を入れないと「本当に発送しているのだろうか」と不安感をもたれてしまうことがあります。コミュニケーションを密にしていきましょう。

## Step 5 評価

お客さんが商品を受け取って商品に問題がなければ、お客さんがあなたを評価します。評価は三段階で、「**良い**」「**普通**」「**悪い**」です。この評価は、ほかのユーザーにも見えるもので、購入を検討している人が出品者をはかるいい指標になります。悪い評価が多い出品者からは購入したくない、というのが普通です。できるだけ丁寧な対応を心がけましょう。

受取評価を受けたら、今度はあなたがお客さんを評価します。この評価が完了して、取引が終了となり、売上が反映されます。

## 「アカウントを育てる」意識

簡単にですが、以上がメルカリ取引の一連の流れです。ポイントは、お客さんからの評価が高くなるように気をつけることです。

メルカリのアカウントは、複数持つことができません。自分のアカウントの評価を高め、「育てる」という意識を持ちながら取引をしていきましょう。

### メルカリ取引の流れのポイント

1. 写真や商品説明文、価格などを決めて出品作業
2. 出品後はコメントをチェックする
3. 売れたらまず、お礼と発送についての連絡
4. 発送作業・発送通知
5. 相互に評価をして、取引完了

# 05 売上金を受け取る

取引が完了したら、**売上金**が計上されます。計上された売上金を受け取る方法を紹介します。

## 1 振込申請方法

実際に売上を申請してみましょう。メルカリのマイページ画面左側の「メルペイ」欄にある「売上・振込申請」（環境によっては「残高・振込申請」）をクリックします（次ページの STEP 1）。

「売上・振込申請」画面が表示されます。「現在の売上金」に表示されている金額を、引き出すことが可能です。評価が完了していない取引は売上金に反映されませんので、注意しましょう。売上金を受け取るには、「振込申請して現金を受け取る」をクリックします（次ページの STEP 2）。

「振込先口座の指定」画面で、振込先口座を指定します（58ページの STEP 3）。さらに、振込

## STEP 1 メルカリのマイページ

マイページ画面左側の「メルペイ」にある「売上・振込申請」をクリックします。

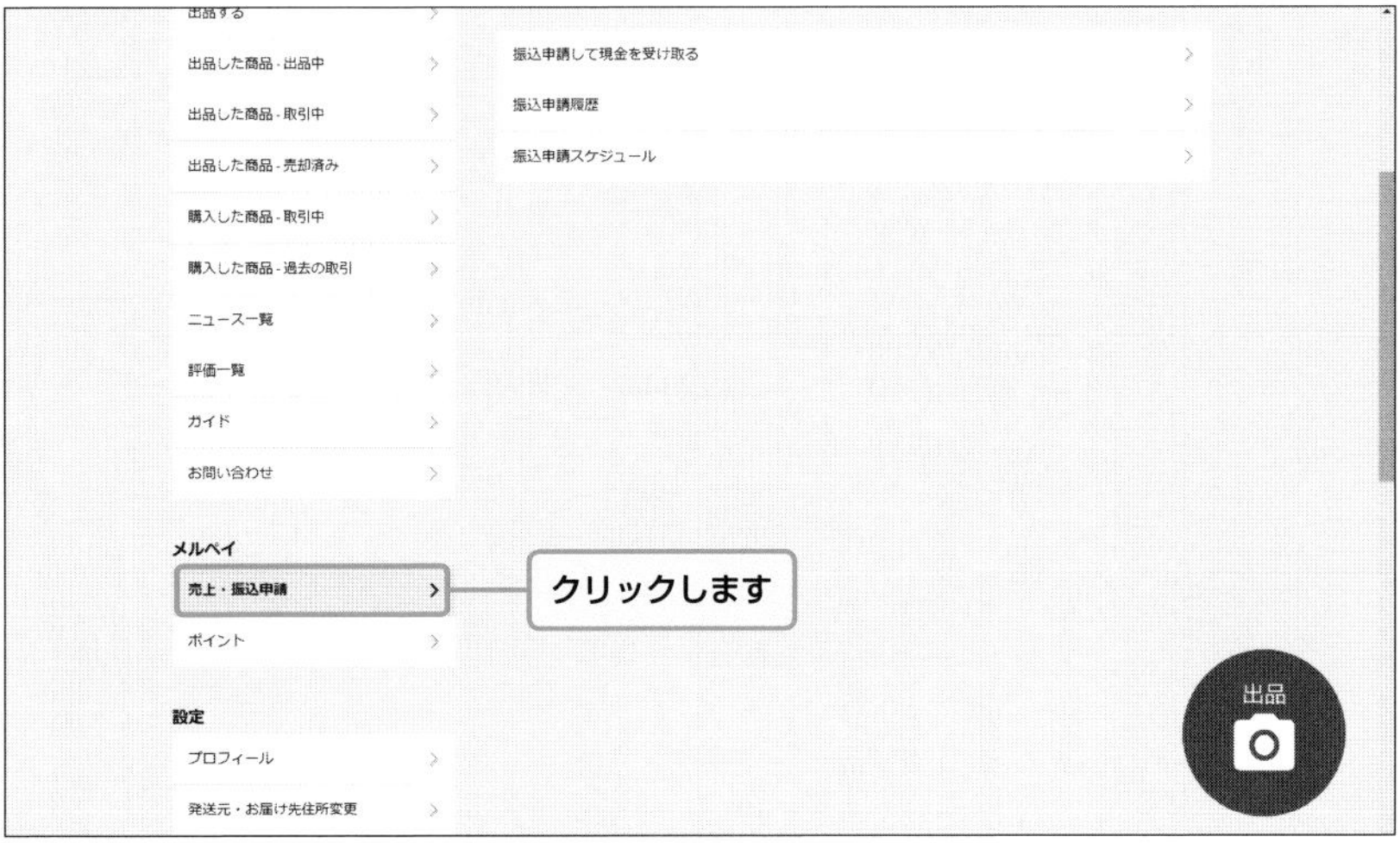


## STEP 2 「売上・振込申請」画面

「振込申請して現金を受け取る」をクリックします。

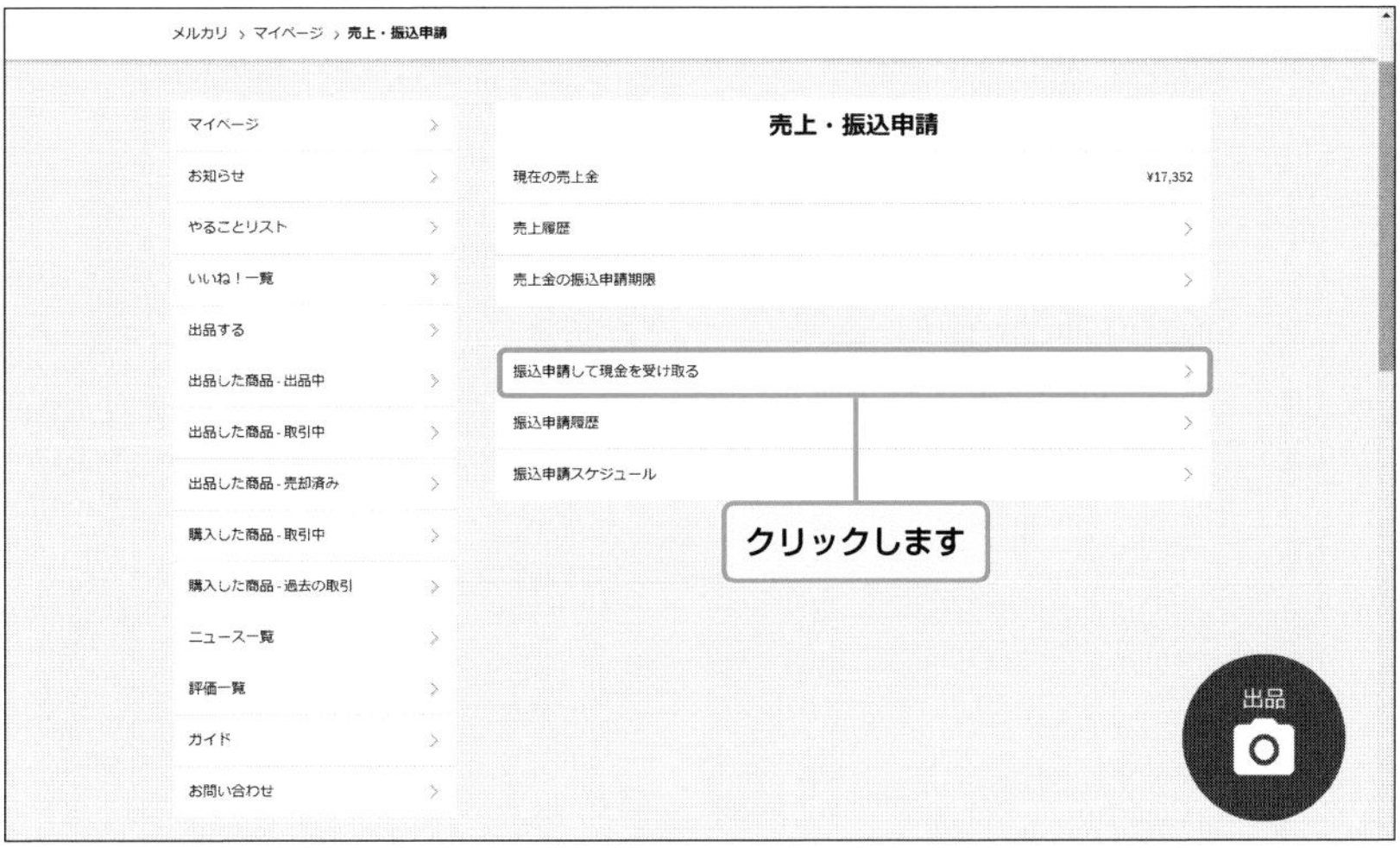

### STEP 3 「振込先口座の指定」画面

振込先の銀行口座の情報を入力していきます。

### STEP 4 振込金額の入力

「振込申請金額」項目に振込金額を入力します。200 円の手数料がかかるため、201 円（手数料を引いた実際の振込金額は 1 円）以上から申請できます。

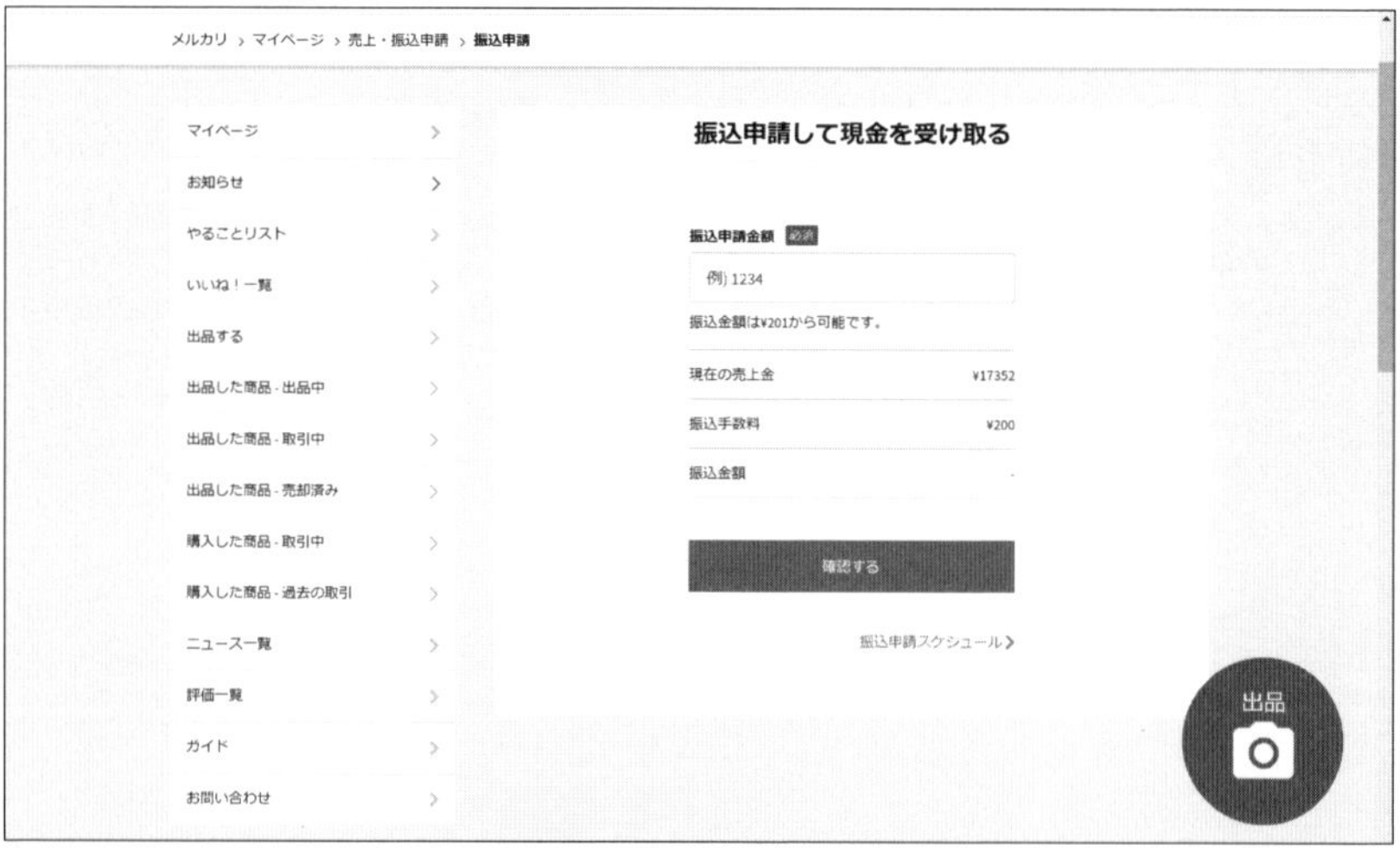

金額を入力します（前ページのSTEP4）。振込金額は201円から可能で、振込手数料が200円発生します。

金額を入力したら、「確認する」ボタンをクリックして確認画面を表示します。金額と振込口座が正しいことを確認し、手続きを完了させます。

## 2 振込スケジュール

メルカリでは、**振込申請期限**と**振込日**が決まっています。期限と振込日は確認できます。売上・振込申請画面の「振込申請スケジュール」をクリックします。

「振込スケジュール」をクリックすると振込日とその申請期限を確認できます。基本的に、**毎週月曜日が申請期限**で、**金曜日が振込日**のようです。祝日などが入ると、スケジュールが変わるので注意が必要です。

また、スマホアプリからだと「**お急ぎ振込**」が利用できます。「お急ぎ振込」とは、通常の手数料（200円）に加え、別途お急ぎ振込の手数料200円の手数料を支払うことで、急いで振込をしてもらえるサービスです。

通常の振込の場合、月曜日に申請して金曜日に入金ですが、お急ぎ振込の場合だと朝の8時59分までに振込申請すれば翌営業日に振込まれます。

## STEP 1 「売上・振込申請」画面

「振込申請スケジュール」をクリックします。

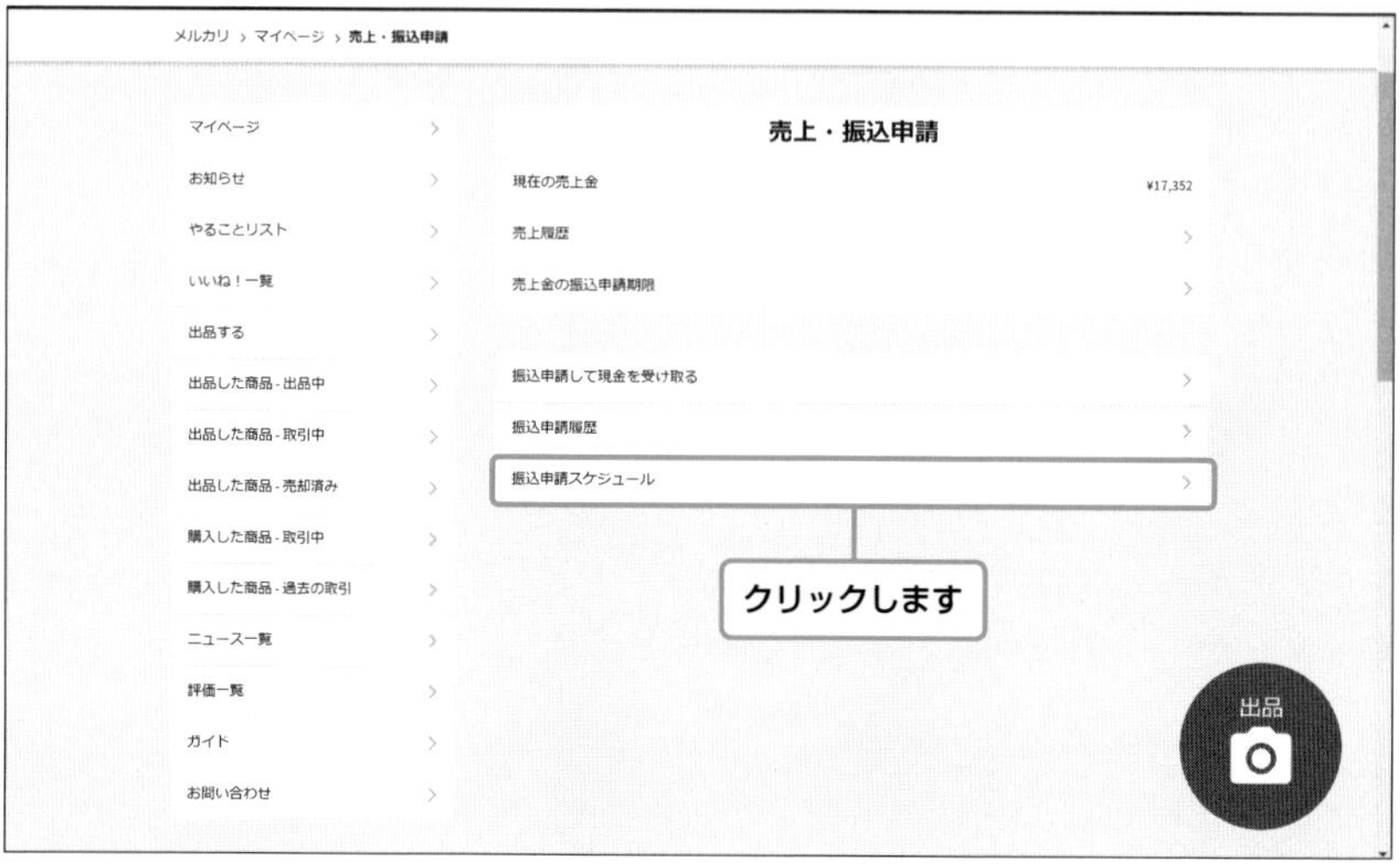


## STEP 2 売上・振込申請画面

「振込スケジュール」をクリックします。

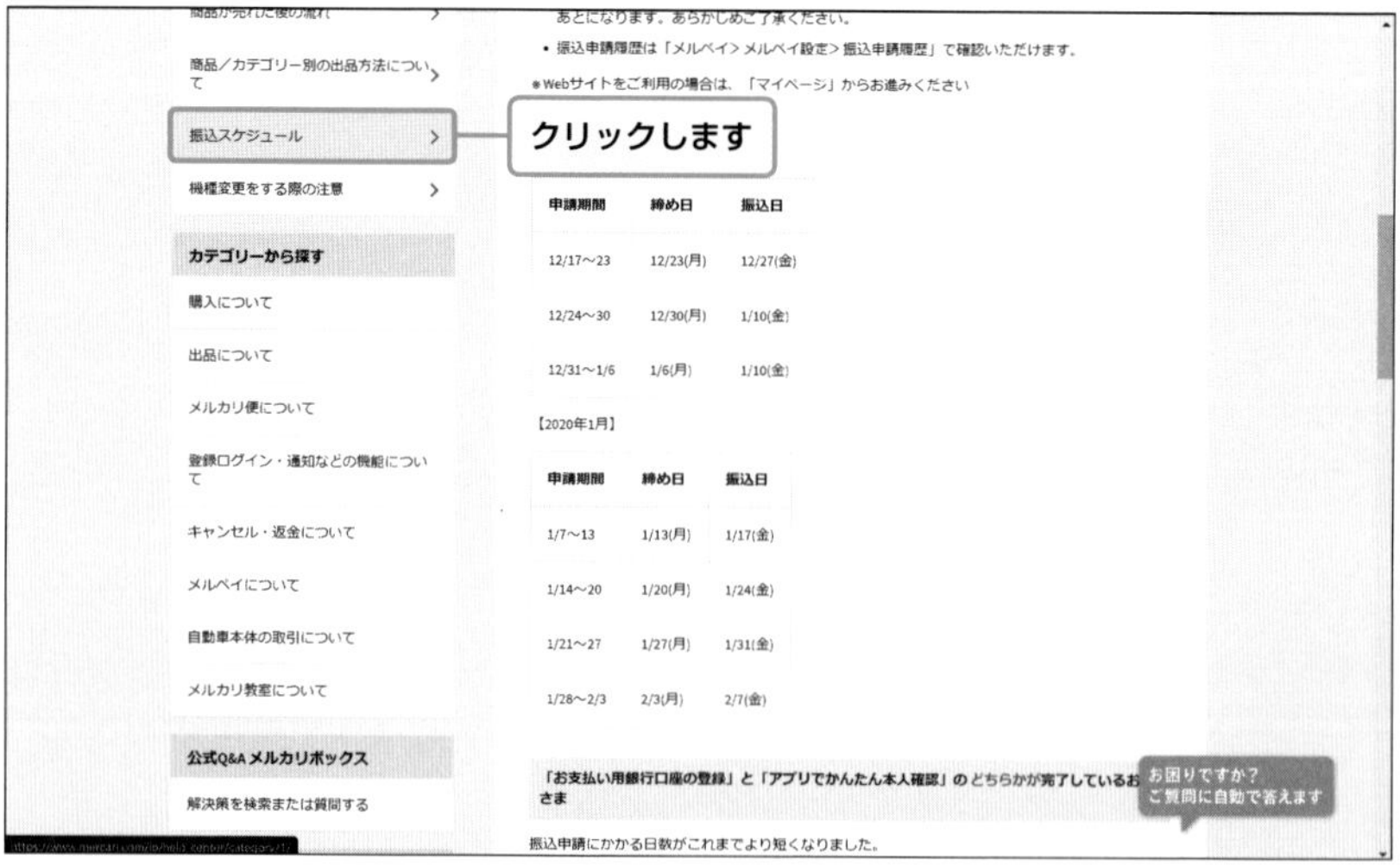

## STEP 3 振込スケジュール

振込スケジュールが表示されます。メルペイの登録状況によって振込スケジュールが変わります。

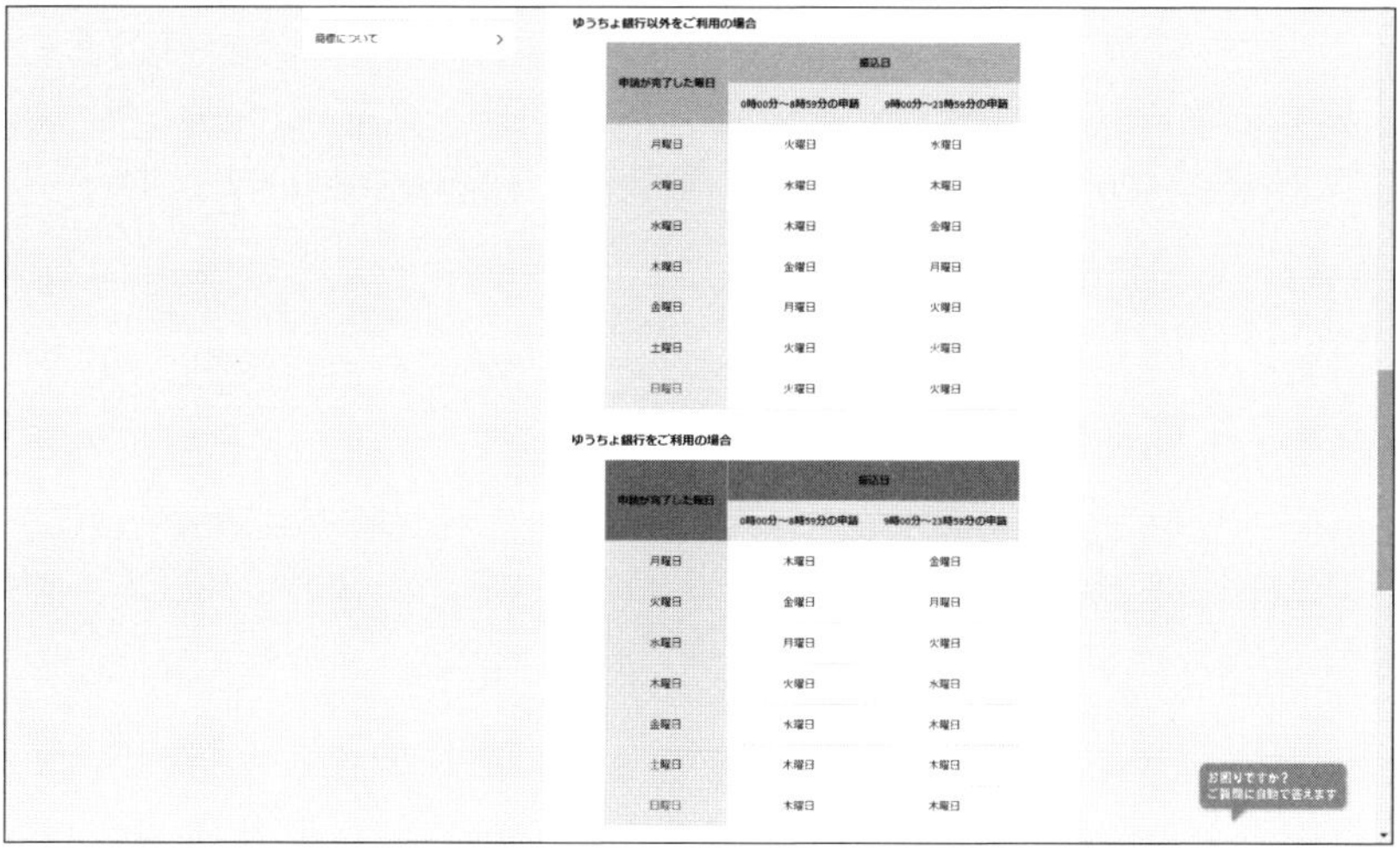

商標について

ゆうちょ銀行以外をご利用の場合

| 申請が完了した曜日 | 振込日 | |
|---|---|---|
| | 0時00分～8時59分の申請 | 9時00分～23時59分の申請 |
| 月曜日 | 火曜日 | 水曜日 |
| 火曜日 | 水曜日 | 木曜日 |
| 水曜日 | 木曜日 | 金曜日 |
| 木曜日 | 金曜日 | 月曜日 |
| 金曜日 | 月曜日 | 火曜日 |
| 土曜日 | 火曜日 | 火曜日 |
| 日曜日 | 火曜日 | 火曜日 |

ゆうちょ銀行をご利用の場合

| 申請が完了した曜日 | 振込日 | |
|---|---|---|
| | 0時00分～8時59分の申請 | 9時00分～23時59分の申請 |
| 月曜日 | 木曜日 | 金曜日 |
| 火曜日 | 金曜日 | 月曜日 |
| 水曜日 | 月曜日 | 火曜日 |
| 木曜日 | 火曜日 | 水曜日 |
| 金曜日 | 水曜日 | 木曜日 |
| 土曜日 | 木曜日 | 木曜日 |
| 日曜日 | 木曜日 | 木曜日 |

お困りですか？
ご質問に自動で答えます

急な出金が必要なケース以外は、手数料がもったいないので、計画的に出金しましょう。

News!

## メルペイでスピード出金

スマホの場合は、メルペイに登録して「お支払い用銀行口座の登録」または「アプリでかんたん本人確認」のどちらかが完了していると、お急ぎ振込と同様のスピードで出金ができます。ただし、ゆうちょ銀行は除きます。

### 売上金受け取りの際のポイント

1. 出金には200円の手数料がかかる
2. 振込申請期限から振込にはタイムラグがあるので注意
3. スマホを使えば、お急ぎ振込やメルペイ登録によって出金を早くすることができる

# 3時限目
# 「売れる商品」を探そう

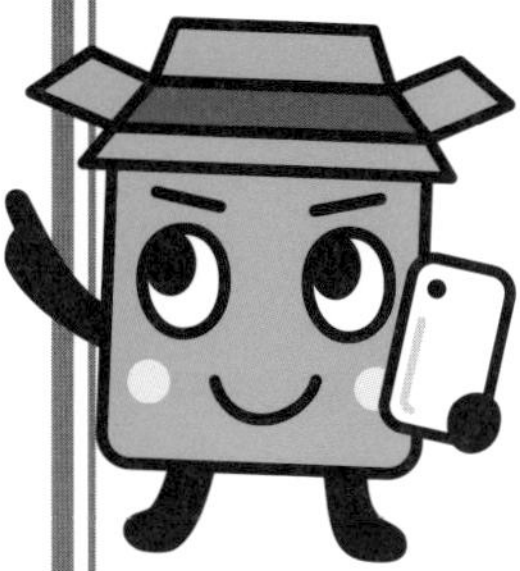
ここが大事！
初心者でも簡単
に稼げる商品を
探す方法を
解説します！

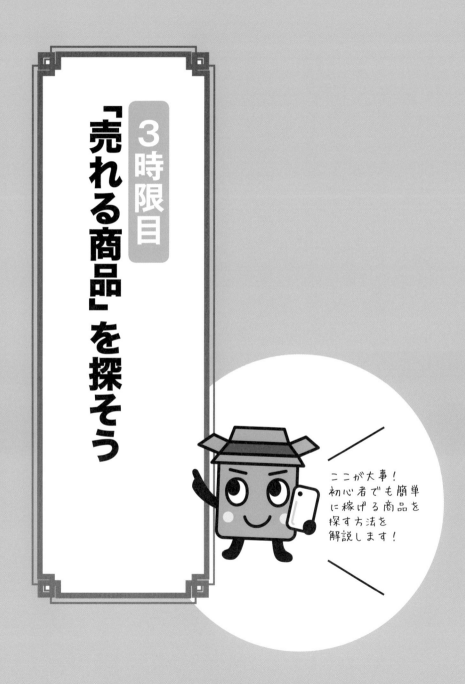

# 01 売り切れ商品から探す

メルカリで売れる商品を探す方法の1つに「**売り切れ商品から探す**」方法があります。売れる商品を探す方法はいくつかありますが、これから転売を始める初心者でも比較的簡単にできる方法がこの方法です。

## 1 売れた商品 ＝ 売れる商品

売り切れ商品というのは、**実際にメルカリで売れた商品**です。つまり、自分が同じ商品を出品すれば売れる可能性があるということです。もちろん、転売ユーザー以外は利益度外視の価格設定で販売していることもあるため、適切な価格設定で必ずしも売れるというわけではありません。しかし、売れるかまったくわからない商品を仕入れて販売するよりも、既に売れている商品から探すほうが簡単でリスクも小さいのです。

「ライバルがいる商品なんて、競争になって大変じゃないのか？」と思う人もいると思います。

しかしながら、ライバルのいない商品を見つけることは非常に困難です。また、苦労してライバルがいない商品を見つけ出して出品しても、全然売れないこともあり得ます。「他の人が出品していない」ということは、場合によっては「ユーザーニーズがない」ということかもしれないのです。

## 2 在庫調整も簡単！

転売には仕入費用がかかります。売れない商品を抱えるリスクを背負うよりも、ライバルがいる中でも自分の商品をしっかり販売することのほうが、簡単でリスクもありません。もし、ライバルが多すぎてこの商品を続けていくのが厳しいと感じたら、利益を無視した金額で販売すれば、在庫を抱えて途方に暮れることはありません。ライバルがいない商品の場合は、そもそも需要がない可能性があるため、原価以下の価格で販売しても売れず、仕入費用すら回収できない危険性

●メルカリサイトの検索ボックスの🔍アイコンをクリックします

もあるのです。こうしたことから、初心者には売り切れ商品から探すことをお勧めしています。

## 3 売り切れ商品の探し方

実際に、売り切れ商品から売れている商品を探していきます。

メルカリサイト（**https://www.mercari.com/jp/**）をパソコンのブラウザで表示すると、画面上部の検索ボックスの右端に🔍アイコンがあります。検索ボックスが空欄の状態で、この🔍アイコンをクリックします。

すると、新着の出品一覧が表示されます。この一覧画面の左側に「詳細検索」ボックスがあります。「販売状況」欄の「**売り切れ**」にチェックを入れ、「完了」ボタンをクリックします。

すると、すでに売れた商品の一覧画面が出てきます。ここに表示された商品は、最近メルカリで売れた商品です。ここにある商品から、転売できそうなものを探

**●「売り切れ」にチェックを入れて売り切れ商品一覧を検索**

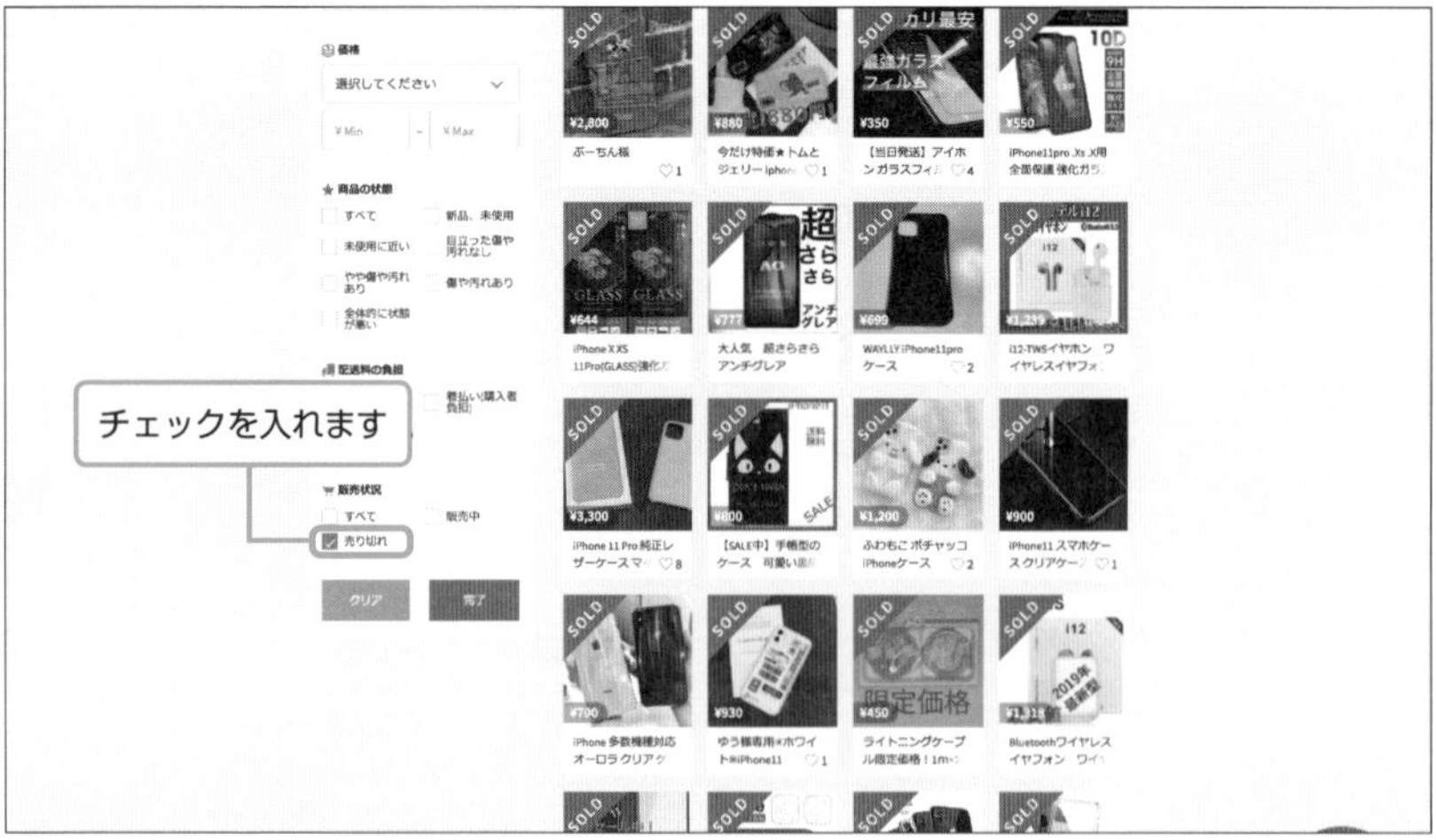

していきます。

## POINT▼加工されている画像を探す

転売できそうか、そうでないかを判断するためのポイントは、画像が**「素人が自分で撮影していない商品写真」**を探すことです。実際に見ていきましょう。

下の画面だと、枠で示した上段のセルカライトやBluetoothイヤホン、中段のACアダプター（USBコンセント）などがわかりやすい例です。他の商品は、背景が床であったり壁であったりと、出品者が自分で撮影をしている素人撮影とわかりやすいです。

このように、プロが撮影・加工したような画像を使っている商品を探します。

●プロの商品写真を探していきます

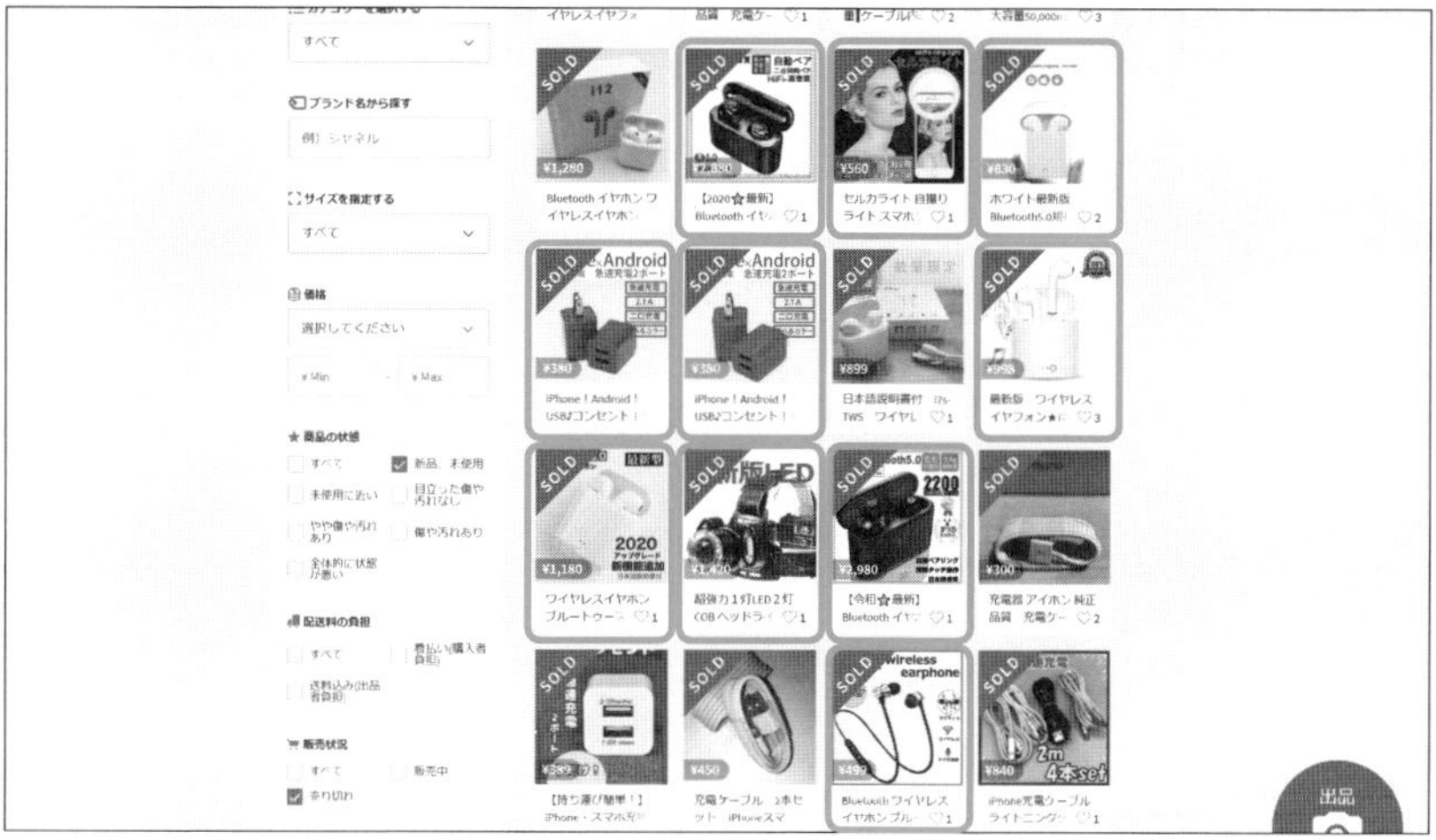

## 4 プロが撮影・加工した画像は転売商品の可能性が高い

なぜ、こうした写真を探すのでしょうか。このような「**プロが撮影した写真**」が使われている商品は、**転売商品**である可能性が高いからです。

多くの転売ユーザーは、仕入れ先のネットショップで使われている商品画像をそのまま流用して出品しています（もちろん、自分で出品する際は、写真の無断転用は真似しないでください）。つまり、こうしたプロの画像が使われている商品は、転売者たちが利益を出せると判断して出品された商品です。ライバルが出品しているということは、あなたが出品しても利益を出せる可能性があるということです。このように、まずは売り切れ商品から売れる商品を探していきます。

News!

### 規制が厳しくなる可能性も

この、画像から売れる商品を見分ける手法ですが、今後は活用が難しくなるかもしれません。出品画像は「自分が撮影した画像」を登録することが規約で定められており、近年規制が厳しくなる傾向にあるためです。ただし、実際にはまだ有効なテクニックなので紹介しています。

## POINT▼「新品・未使用」で絞り込む

売れる商品を探す場合は、「売り切れ」の他に**「新品・未使用」**にもチェックを入れて検索をしましょう。通常、転売しているユーザーは「新品・未使用」を販売するケースが多いためです。

また、カテゴリーを限定することで、そのカテゴリーで売れている商品の傾向を掴むことができます。たくさん売れていそうな商品を見つけてみましょう。

### 売れる商品の探し方のポイント

1. 販売実績がある「売り切れ商品」を探そう
2. プロが撮影した写真の商品は転売商品の可能性が高い
3. 「新品・未使用品」やカテゴリーを限定して売れ筋の傾向を掴もう

# 02 ライバル出品者から探す

## 1 転売出品者の出品商品から、まずは売り切れのものをチェックする

**ライバル出品者**が販売している商品から、売れる商品を探す方法も効果的です。前節で、売り切れ商品から売れる商品を探す方法について紹介しました。ここでは、そこで見つけた商品を販売している、**転売者の出品一覧**から売れ筋商品を探していきます。

転売商品と思われるページの出品者名のリンクをクリックすると、販売している出品者のページが表示されます。そこで下にスクロールすると、「**この出品者の商品**」以下に出品商品が一覧で表示されます。

その一覧の中から、既に売れている商品に注目していきます。次ページの例として挙げた写真では、「ゴルフボールマーカー」と「リングゲージ」、「ペットボトル用のコンパクト加湿器」など

が売れている商品だとわかります。

## 出品商品全体をチェックして、売れそうな商品を探す

売り切れ商品から探すと、直近の売れ筋のものしか探せないため、ライバルが多くなりがちです。そこからさらに、出品者が販売している商品から売れそうな商品を探すことで、ライバルが少ない商品を掘り出すこともできてしまうのです。

●転売商品を出品している出品者の商品一覧から探す

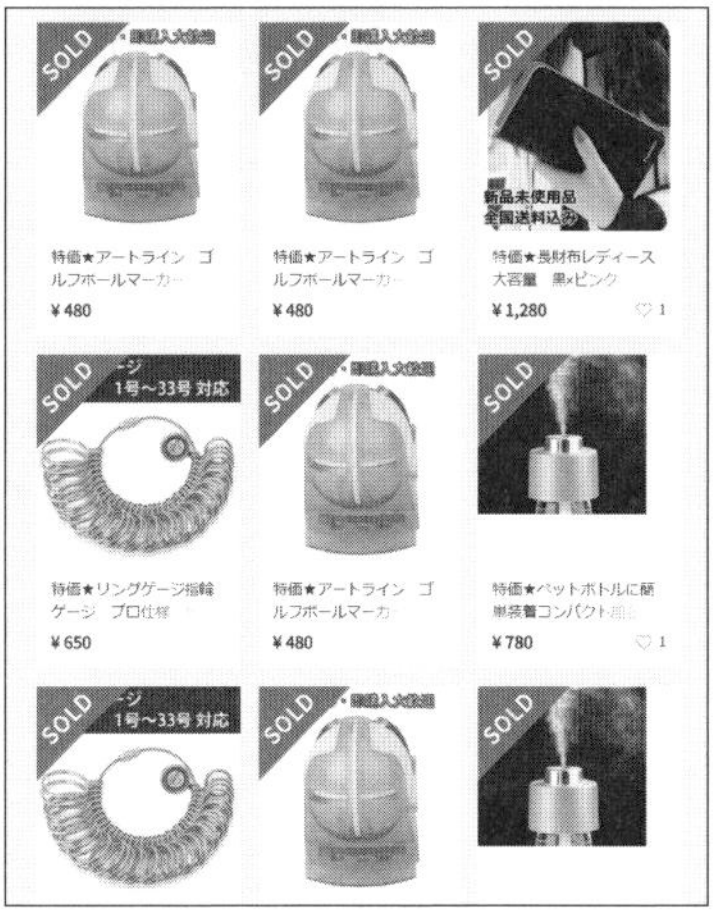


### ライバルからの探し方のポイント

1. 転売出品者の出品商品から売り切れのものをチェックする
2. 出品商品全体をチェックして、売れそうな商品を探す

# 03

# 大手ネットショップの売上ランキングから探す

**大手ネットショップの売上ランキング**から、売れ筋商品を探す方法も効果的です。ネットショップのランキングで上位であれば、今現在売れている商品と伺い知れます。

## 1 楽天市場のランキングで探す

**楽天市場（https://www.rakuten.co.jp）**は国内最大級のネット通販サイトです。楽天での売上ランキングで上位に入っている商品は、メルカリでも売れる可能性が高い商品と言えます。

### 楽天市場での人気ランキングの探し方

楽天市場にアクセスします。画面上部の「ランキング」をクリックすると、総合ランキング**（https://ranking.rakuten.co.jp）**のページが表示されます。

●楽天市場

QRコード

## 各ジャンルの人気ランキングの確認方法

総合ランキングページの左カラム「**Daily ジャンル一覧**」にあるジャンル名をクリックすると、ジャンルごとのランキングをチェックできます。

## 各キーワードの人気ランキングの確認方法

総合ランキングページの上部の検索フォームにキーワードを入力することで、キーワードに関連したランキングを表示することもできます。次ページの例は「セルカ棒」で検索した結果です。

楽天市場は国内最大級のネット通販サイトです。まずは楽天市場で売れている商品をチェックし、ここで売上上位の商品を安く仕入れることができればメルカリでも売れる可能性が高くなります。

●楽天市場トップページ（https://www.rakuten.co.jp）

●楽天市場 総合ランキング（https://ranking.rakuten.co.jp/）

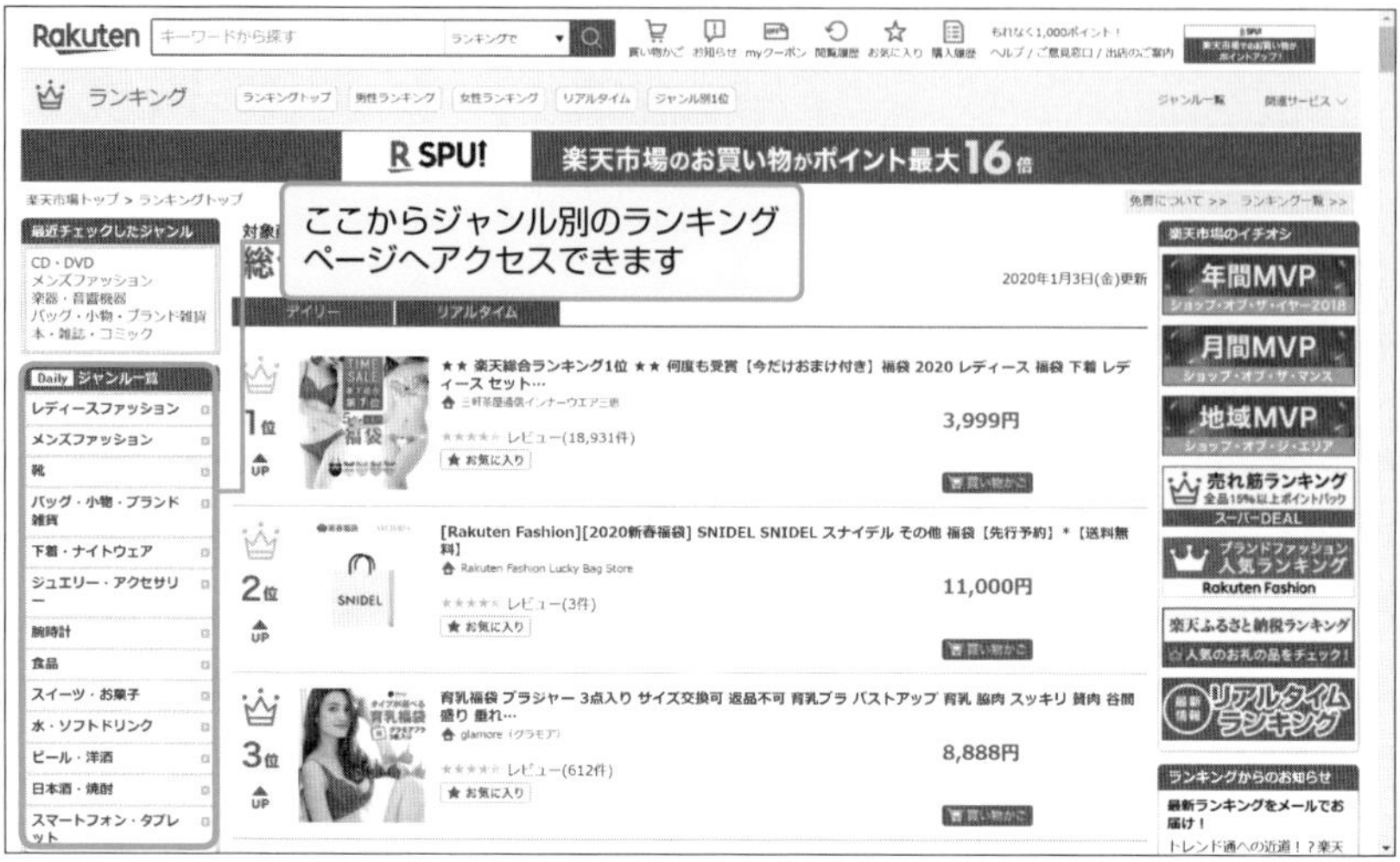
ここからジャンル別のランキング
ページへアクセスできます

●キーワード検索結果がランキング表示される

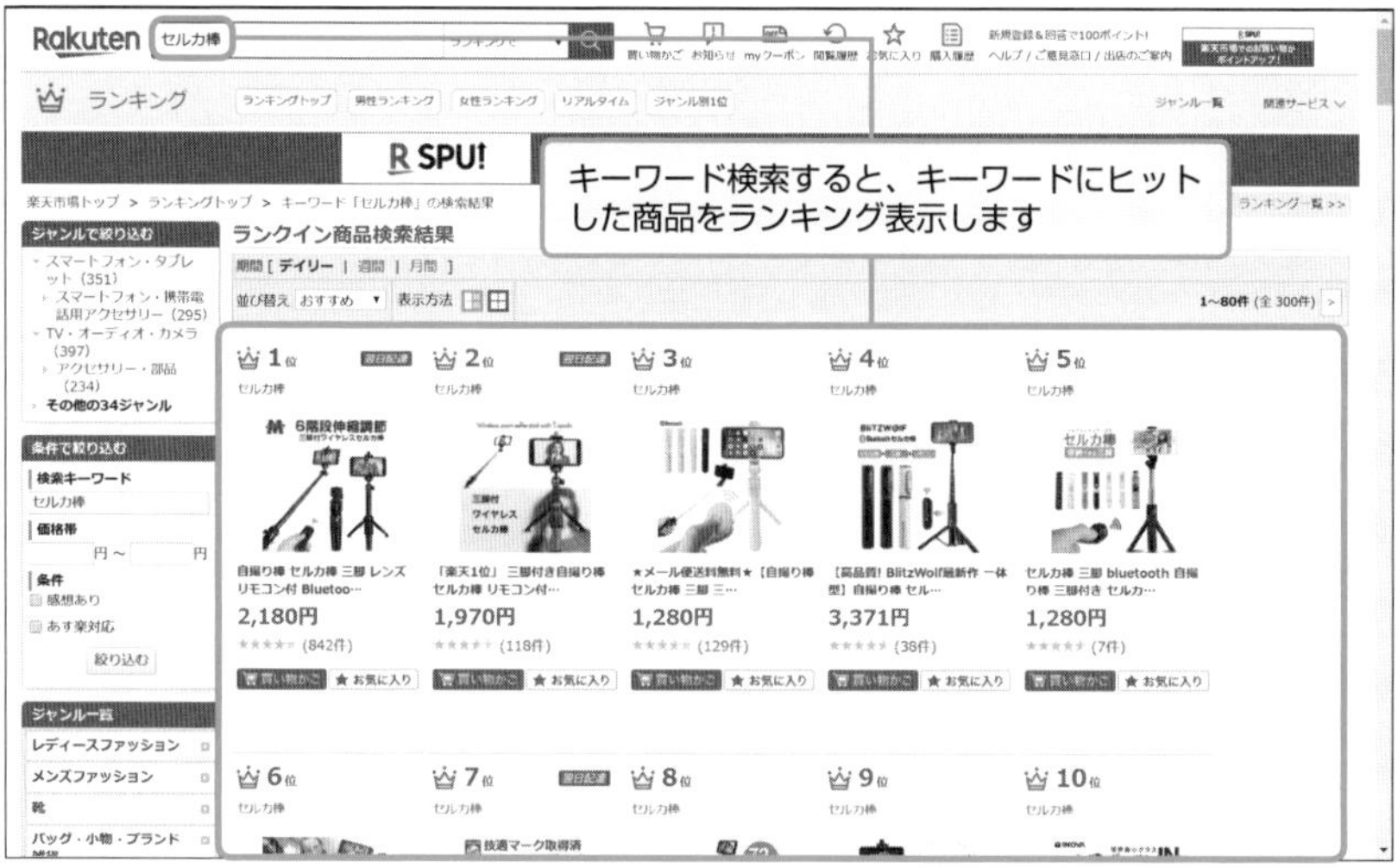
キーワード検索すると、キーワードにヒット
した商品をランキング表示します

## 2 Amazonから探す

**Amazon（https://www.amazon.co.jp/）**も楽天同様に国内最大級のネット通販サイトです。**Amazon**は楽天と違い、会社ではない個人の出品が非常に多いという特徴があります。そのため、多種多様な商品が販売されており、ランキングも楽天市場とは異なる傾向となることも多いです。ぜひ一度チェックをしてみましょう。

### Amazonでの人気ランキングの探し方

**Amazon**にアクセスします。画面左上のメニューバーにマウスカーソルを合わせると、カテゴリ一覧が表示されます。ランキングをチェックしたいカテゴリを選択します。

カテゴリページの検索フォーム下の「**Amazonランキング**」をクリックすると、各カテゴリのランキングが表示されます。

●Amazonトップページ（https://www.amazon.co.jp/）

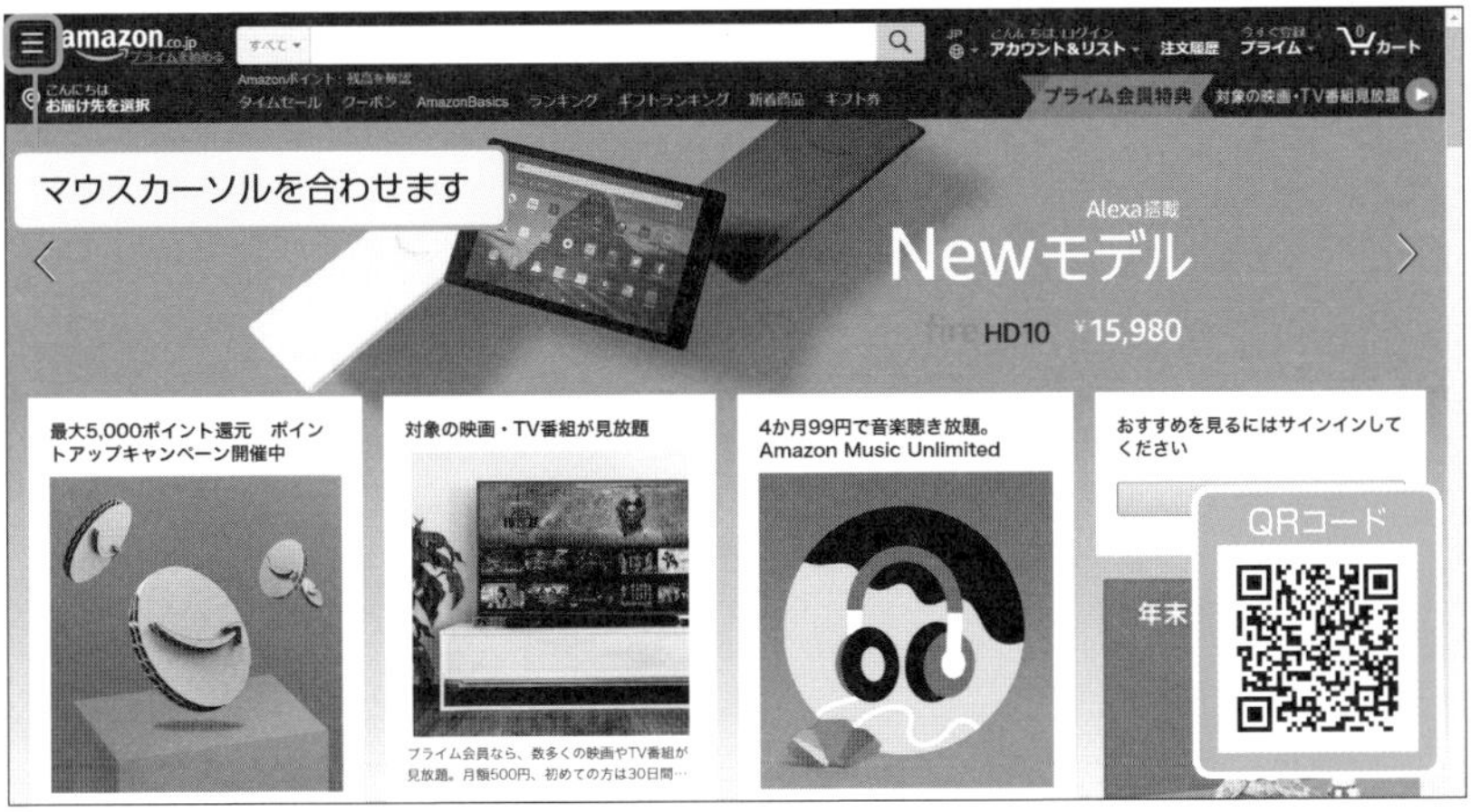

## ●カテゴリの選択

## ●カテゴリランキング

## 3 Yahoo!ショッピングから探す

Yahoo!ショッピング（https://shopping.yahoo.co.jp/）はYahoo! JAPANが運営するネット通販サイトです。楽天市場やAmazonとと比べるとやや規模が小さいですが、転売業界では重要なECサイトです。新しい発見があることもありますので、チェックしてみましょう。

### Yahoo!ショッピングでの人気ランキングの探し方

Yahoo!ショッピングのトップ画面中頃の「人気売れ筋商品ランキング」右下に、「人気売れ筋商品ランキング」があるので、「もっと見る」をクリックしてランキングページにアクセスしましょう。

次ページの写真のような、Yahoo!ショッピング人気売れ筋商品ランキングが表示されます。左カラムの

●Yahoo!ショッピング（https://shopping.yahoo.co.jp/）トップページ中段

カテゴリ一覧から、各カテゴリのランキングを確認することができます。

このようにインターネット通販サイトや人気ネットショップのランキングから売れそうな商品を探すことができます。仕入れ商品に困ったら、こうした通販サイトのランキングを参考にしてみましょう。

●Yahoo! ショッピングの人気売れ筋商品ランキング

## 売上ランキングから探すポイント

1. 楽天市場では総合ランキング、カテゴリーごとのランキング、検索キーワードでのランキングが調べられる
2. AmazonとYahoo!ショッピングは、カテゴリーごとのランキングを見られる

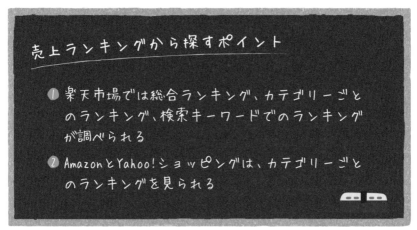

# 04 商品の需要を予測する

売れそうな商品を見つけることができたら、次に「**その商品がどれくらい売れるのか**」を調べます。

ここまで調べた「**売れる商品**」というのは、あくまで「**これまでに売れた実績がある商品**」であって、どのくらいの頻度で売れるかまでは把握できていません。売れる可能性がある商品とはいえ、1カ月に1個しか売れないような商品を売っていても、得られる利益は少ないでしょう。

そこで、次のステップとして、**商品の需要**を予測していきます。

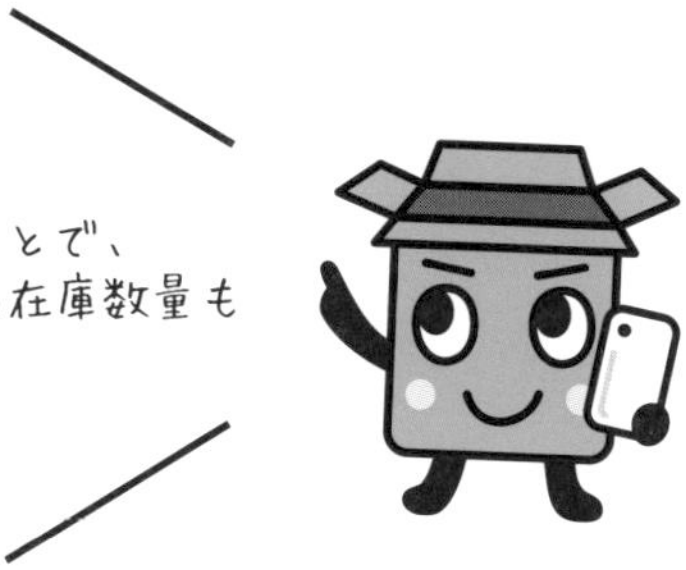
商品需要を予測することで、
目標売上やおおよその在庫数量も
把握できます。

# 1 売り切れ商品のコメントをチェック

商品の需要を予測するために、**売り切れ商品のコメント欄**をチェックしていきます。コメント欄には、そのコメントがいつ投稿されたのか（**コメント投稿日**）記録が残ります。そこで、コメントから大体の販売日を推測することが可能です。

では実際に見ていきましょう。

## 商品名＋「売り切れ」で絞り込み検索

まず、サイドメニューの「詳細検索」にある「キーワードを追加する」欄に、検索したい商品のキーワード（写真では「セルカレンズ」）を入力します。「販売状況」は「売り切れ」にチェックを入れて、検索を実行します。

●商品名＋「売り切れ」で絞り込みをかけて検索

## コメントで「売れた頻度」を推察する

売り切れ商品の一覧画面で、「直近で売れた商品」を確認します。

メルカリにはコメント文化があるため、購入前に購入可否を確認するコメントが残っている場合があります。そのコメントの日付を見て、どのくらいの頻度で売れるかを大まかに予想するわけです。

例えば、直近で売れたものが25分前、その前に売れたものが13時間前であれば、1日数個売れる可能性がある商品だと予測できます（次ページの図参照）。

今回例として挙げた商品では、直近の25分前と13時間前の間に3つ売れている商品がありました。半日で3個売れているわけですので、単純計算で1日に6個くらい売れる可能性がある商品だとわかります。

このようにして商品の需要を予測することで、より利益が出せる可能性がある商品かを絞り込むことができるわけです。

●直近で売れた商品のコメント（25 分前）

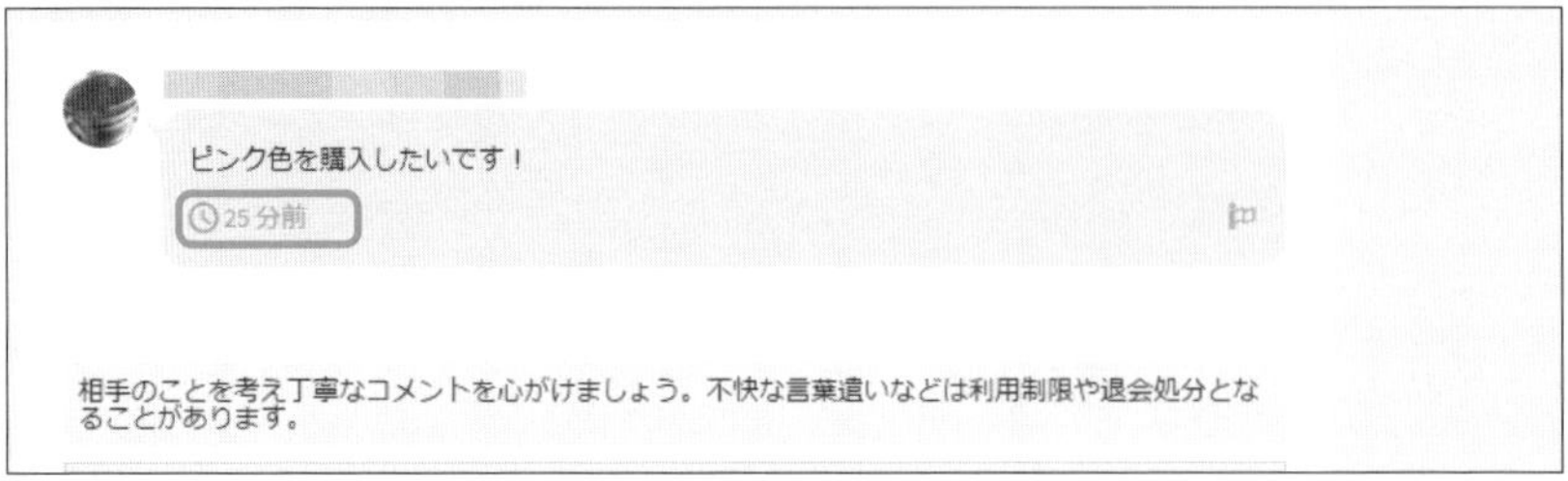
ピンク色を購入したいです！
25 分前
相手のことを考え丁寧なコメントを心がけましょう。不快な言葉遣いなどは利用制限や退会処分となることがあります。

●もう 1 つ前に売れたコメント（13 時間前）

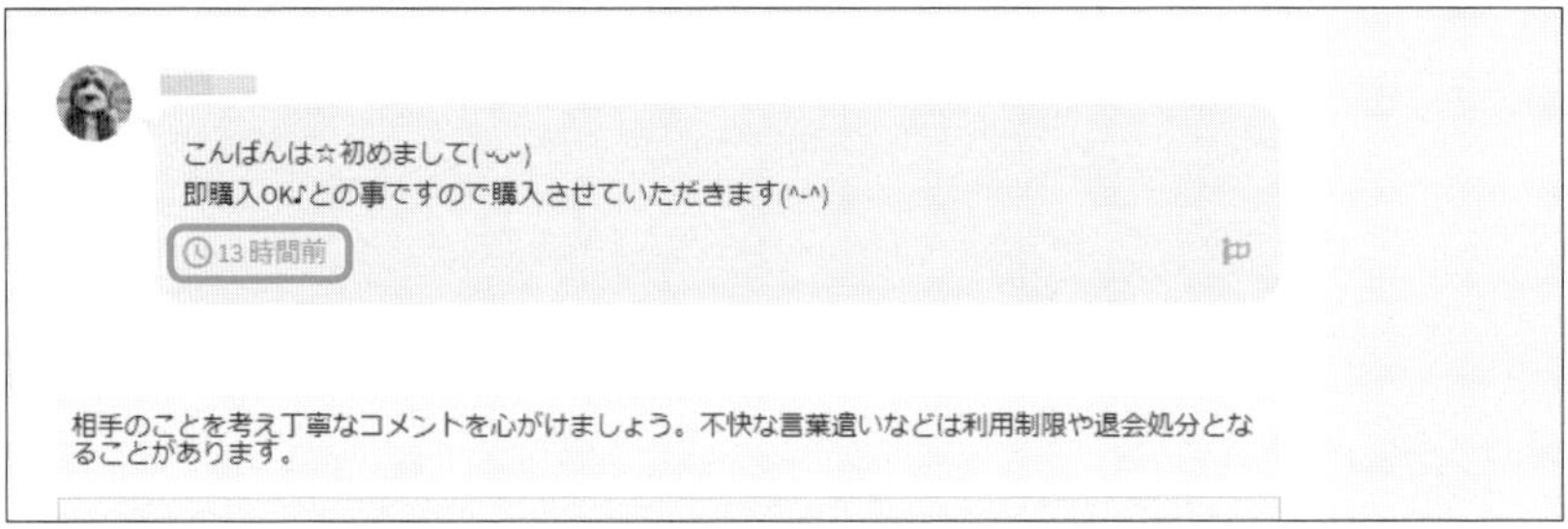
こんばんは☆初めまして(.~ˇ)
即購入OK♪との事ですので購入させていただきます(^-^)
13 時間前
相手のことを考え丁寧なコメントを心がけましょう。不快な言葉遣いなどは利用制限や退会処分となることがあります。

●ざっくりと一日にどの程度売れるポテンシャルがあるかを把握できる

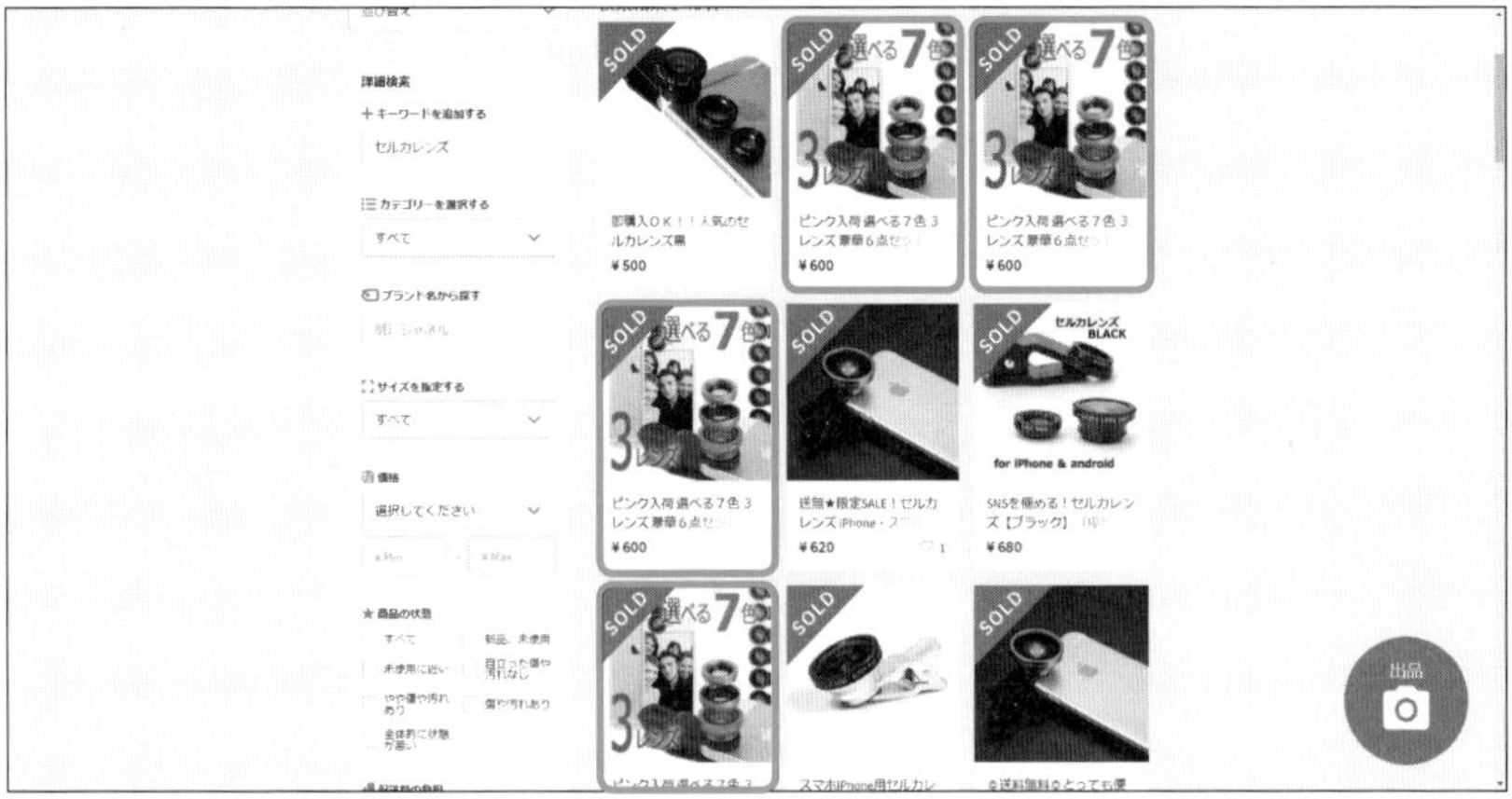
SOLD
選べる7色
¥500
¥600
¥620
¥680
セルカレンズ BLACK
for iPhone & android
出品

## 2 出品日時から推察する

転売商品はコメントが少ない傾向にあるため（基本「即購入可」）、先に紹介した方法では販売予測が難しいことがあります。その場合は、商品の出品日時から予測をしてみましょう。商品の出品日時はスマホアプリから確認できます。

「キーワード＋売り切れ」で検索すると、次のように売り切れ商品がヒットします。

●スマホ版検索結果画面

商品詳細画面を見ると、商品説明の下に出品時間が記載されています。この時間は「いつ商品を出品したか」を表しています。メルカリでは、出品日時が新しいものほど売れやすく、古いも

のはタイムラインの下に流れてしまい売れにくい傾向にあります。そのため、ある程度の売れ筋商品であれば、この時間を見ることによっておおよその需要を判断することができます。

たとえば、10個前に売れた商品の出品時間が5時間前であれば、直近5時間の間に10個売れたということが予想できるわけです。

**●直近に売れた商品**

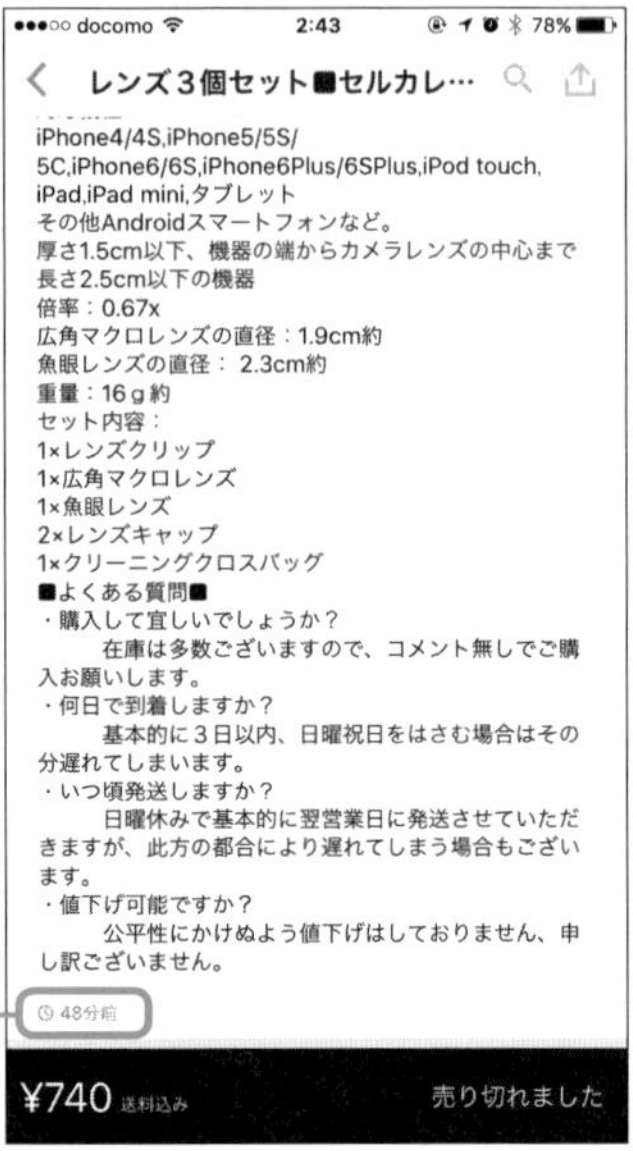
●●●○○ docomo
2:43
78%
レンズ３個セット■セルカレ…
iPhone4/4S,iPhone5/5S/
5C,iPhone6/6S,iPhone6Plus/6SPlus,iPod touch,
iPad,iPad mini,タブレット
その他Androidスマートフォンなど。
厚さ1.5cm以下、機器の端からカメラレンズの中心まで
長さ2.5cm以下の機器
倍率：0.67x
広角マクロレンズの直径：1.9cm約
魚眼レンズの直径： 2.3cm約
重量：16ｇ約
セット内容：
1×レンズクリップ
1×広角マクロレンズ
1×魚眼レンズ
2×レンズキャップ
1×クリーニングクロスバッグ
■よくある質問■
・購入して宜しいでしょうか？
在庫は多数ございますので、コメント無しでご購入お願いします。
・何日で到着しますか？
基本的に３日以内、日曜祝日をはさむ場合はその分遅れてしまいます。
・いつ頃発送しますか？
日曜休みで基本的に翌営業日に発送させていただきますが、此方の都合により遅れてしまう場合もございます。
・値下げ可能ですか？
公平性にかけぬよう値下げはしておりません、申し訳ございません。
48分前
¥740 送料込み
売り切れました

**●10個前に売れた商品**

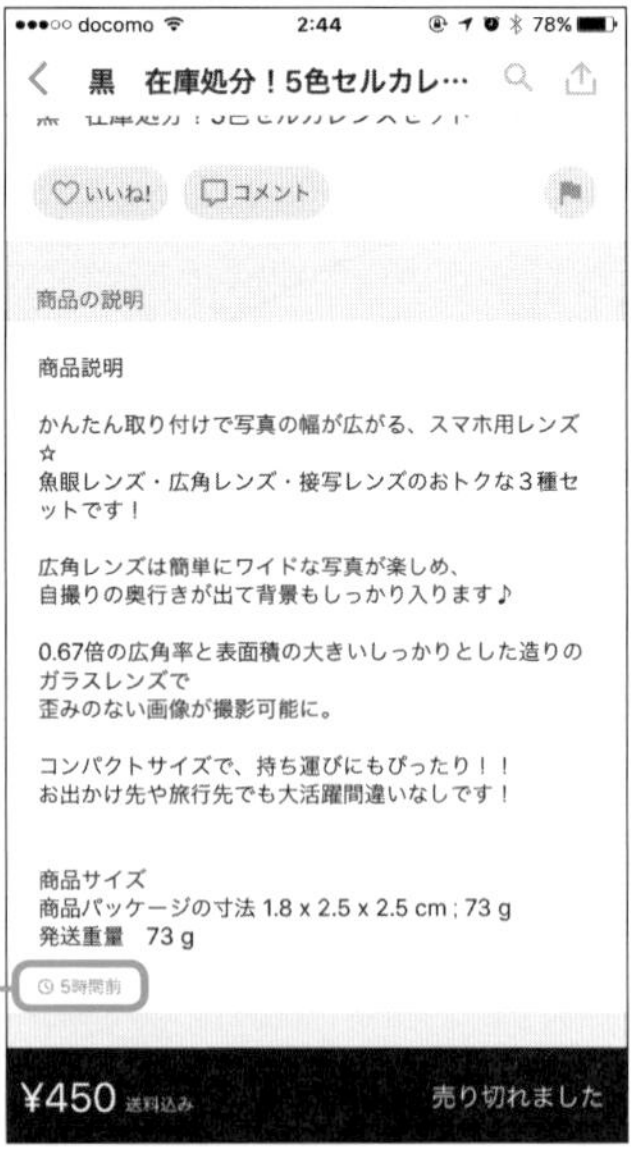
●●●○○ docomo
2:44
78%
黒　在庫処分！5色セルカレ…
いいね!
コメント
商品の説明
商品説明
かんたん取り付けで写真の幅が広がる、スマホ用レンズ☆
魚眼レンズ・広角レンズ・接写レンズのおトクな３種セットです！
広角レンズは簡単にワイドな写真が楽しめ、
自撮りの奥行きが出て背景もしっかり入ります♪
0.67倍の広角率と表面積の大きいしっかりとした造りのガラスレンズで
歪みのない画像が撮影可能に。
コンパクトサイズで、持ち運びにもぴったり！！
お出かけ先や旅行先でも大活躍間違いなしです！
商品サイズ
商品パッケージの寸法 1.8 x 2.5 x 2.5 cm ; 73 g
発送重量　73 g
5時間前
¥450 送料込み
売り切れました

いずれも売り切れ商品なので、5時間の間に10個の商品が売れたと推測

## 3 販売頻度の高い商品を見つけよう

コメントの日時から販売頻度を推察する方法も、出品時間から推察する方法も、いずれも正確にいつ売れたかがわからないので、あくまで推測の範疇です。

しかし、それでもおおよその推測はできます。日に数個売れる商品を扱うのと、一週間に一個売れるかどうかという商品を扱うのでは、売上は雲泥の差です。販売頻度が高い商品を見つけて、ぜひ自分の主力商品に取り込みましょう。

### 商品需要を予測するポイント

1. 商品名を、売り切れ商品で絞り込む
2. 商品がいつ売れたかを、コメントの投稿日時で推測する
3. 販売日時が推測できた二つの時刻の間に、何個売れたかで需要を推測する

Column 1

# 効率的に出品するテクニック

メルカリは、仕組み上、新着商品に人が集まる傾向にあります。メルカリでは、非常に多くの商品が絶え間なく出品され続けるので、数時間もすれば自分の商品を見てくれる人がほとんどいなくなってしまいます。できるだけ人の目に触れるためには、キーワードを網羅して検索にヒットさせるテクニックも重要ですが、定期的に商品を再出品する必要があります。

この再出品作業は、既存の出品を修正するのではなく、新しく商品を出品しないと検索上位に表示されないため面倒です。そのため、出品作業をできるだけ効率化する必要があります。ここでは、出品作業を効率化するテクニックを紹介します。

## ❶テクニック1　出品に必要な画像やテキストはまとめて保存しておく

出品に必要な画像は同じフォルダにまとめておき、1度に入力できるようにしておきます。また、商品名や商品説明はExcelやスプレッドシートにデータをまとめておき、コピー＆ペーストで入力できるように準備しておきます。

## ❷テクニック2　スマホで出品する場合は、メルカリのテンプレート機能を活用する

商品の情報を入力
(必須)
商品の詳細
カテゴリー
(必須)
商品の状態
(必須)
テンプレート
商品名と説明
商品名
(必須、40文字まで)
0 / 40
商品の説明
(任意、1000文字まで)
(色、素材、重さ、定価、注意点など)
例：2010年頃に1万円で購入したジャケットです。ライトグレーで傷はありません。あわせやすいのでおすすめです。
#ジャケット #ジャケットコーデ
0 / 1000
テンプレート
＋ 新しいテンプレートを登録
例)Tシャツ
○○(ブランド名)のロゴ入りホワイトTシャツです。似たようなTシャツを先日購入した為出品します。カジュアルなシーンで着回しやすいデザインです。
全文を表示する
例)本
定価○○円
●状態：
数日前に書店で購入し、カバーを外さずに一度だけ読みました。...
全文を表示する
例)おもちゃ（ぬいぐるみ）
○○シリーズ(作品名)の○○(キャラクター名)のぬいぐるみです。
●サイズ：
縦 ○○cm...
全文を表示する

テンプレート機能では、商品説明をテンプレートとして保存できるので、出品時に登録したテンプレートの中から選ぶだけで商品説明を入力することができます。

スマホ出品は、自動でカテゴリや発送情報が入力されるので、慣れてくるとスマホ出品のほうが簡単です。パソコンで出品を大量にすると、アカウントに出品制限がかかることを確認しています。できるだけスマホで出品するほうが望ましいため、スマホ出品に慣れておきましょう。

こうした細かいテクニックは、著者サイトで随時公開していきますので、そちらもご覧ください。

・著者公式サイト

https://kazuyaikeda.com/category/merukari/

QRコード

# 4時限目

# 仕入れ値の決め方と仕入れ先の探し方

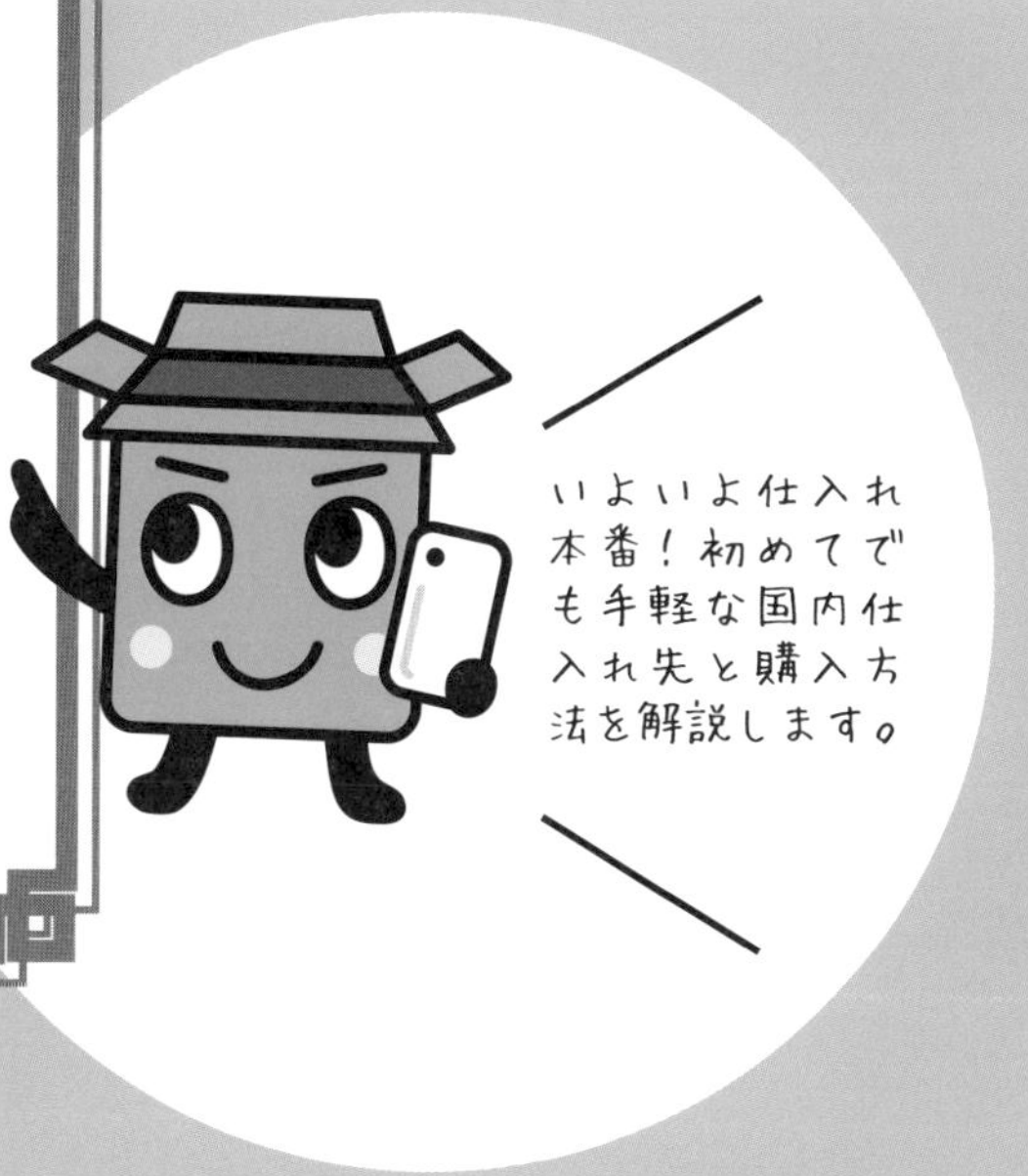
いよいよ仕入れ本番！初めてでも手軽な国内仕入れ先と購入方法を解説します。

# 01 商品の損益分岐点となる価格を割り出す

メルカリで利益が出そうな商品を見つけたら、その商品の「**損益分岐点**」となる価格を算出しましょう。損益分岐点とは、**利益が出るか損をするかの境目の価格**のことです。つまり、損益分岐点の価格よりも安い価格で仕入れることができれば、利益が出ることになります。損益分岐点を把握することで、その商品を仕入れるかどうかの判断ができるようになります。

## 1 損益分岐点の計算

商品の損益分岐点は、次のように求められます。

**● 損益分岐点の計算式**
**損益分岐点＝販売価格－（メルカリ手数料＋梱包費＋配送費）**

難しそうな計算式と思うかもしれませんが、内容は簡単です。実際に見ていきましょう。

下の「**AirPods**　ケース」の売り切れ一覧を見てください。**AirPods**のケースが670円で売り切れているのがわかります。この670円を販売価格とした場合の損益分岐点を計算していきます。

**損益分岐点＝販売価格［670円］－（メルカリ手数料［67円］＋梱包費［30円］＋配送費［84円］）**
**損益分岐点＝489円**

今回、販売価格は「670円」の予定です。また、メルカリの手数料は販売価格の10％なので「67円」となります。商品を発送するために封筒や袋・梱包資材が必要となりますが、この商品であれば1個当たり30円以内に収まるので「30円」と想定しておきます。配送費は定形郵便の25g以内

●販売価格を調査する

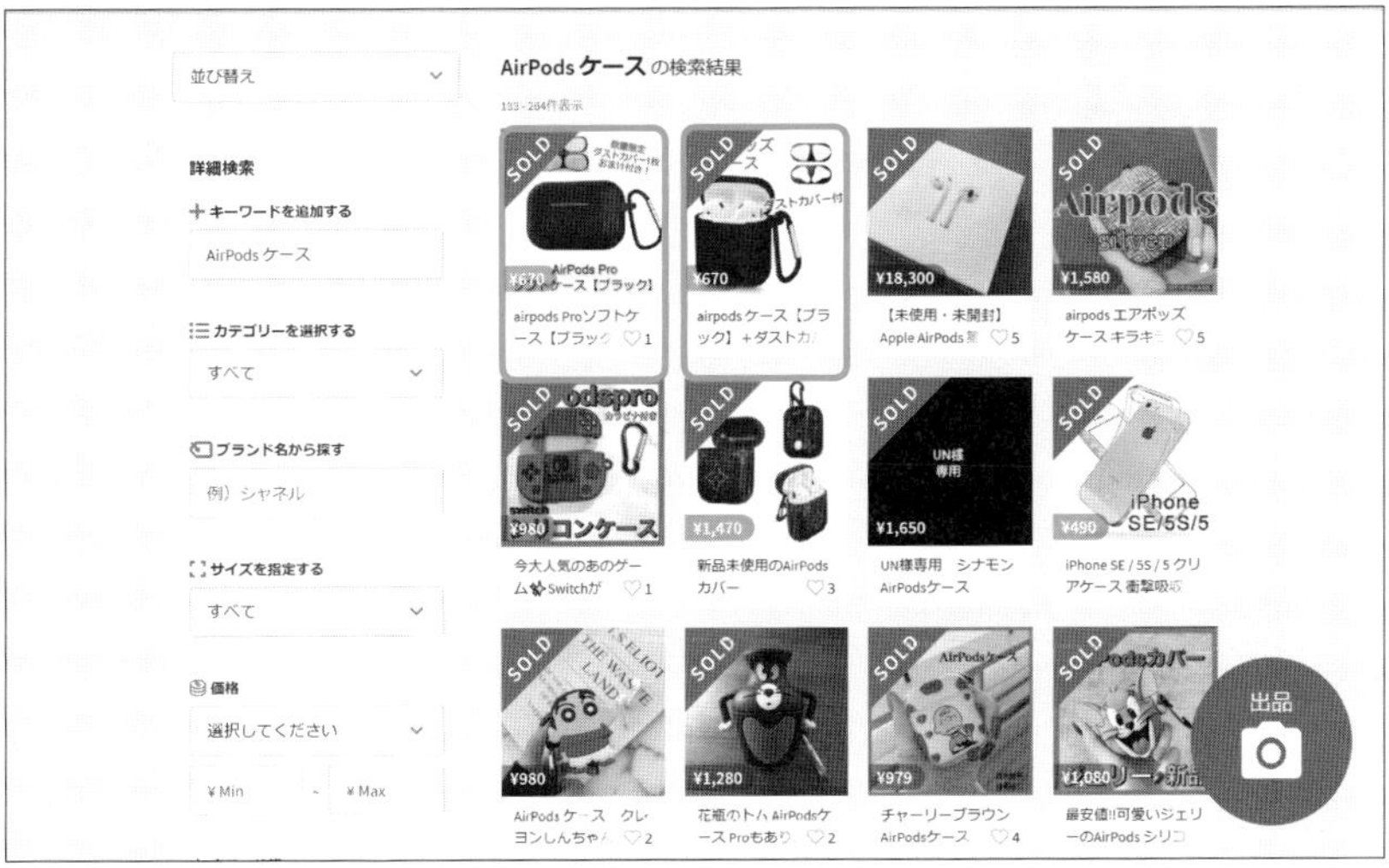

の場合は84円なので「84円」を想定します。

商品の仕入れ価格以外に必要な金額が「１８１円」（67円＋30円＋84円）です。６７０円で販売した場合、利益が「０円」になる価格は、６７０円－１８１円なので「４８９円」が損益分岐点となります。

４８９円でこの商品を仕入れして販売した場合、利益は０円です。１００円で仕入れることができれば利益は３８９円。逆に５００円で仕入れてしまった場合は、利益（赤字）はマイナス11円となります。

この損益分岐点である４８９円以下で購入できる仕入れ先を探すのが、次のステップとなります。

### 損益分岐点計算のポイント

1. 損益分岐点は販売価格からメルカリ手数料と梱包費と配送費を引いた金額
2. 損益分岐点の金額以下で仕入れをする必要がある

# 02 商品の仕入れ先を探す

損益分岐点となる価格が計算できたら、**仕入先**を探していきます。まずは、誰でも気軽に購入できる国内の仕入先から探しましょう。

## 1 Amazonで探す

**Amazon**（**https://www.amazon.co.jp/**）は、国内で仕入れる場合、非常に安価にモノを購入することができるオンラインショップの1つです。**Amazonマーケットプレイス**を利用すれば誰でも簡単に商品を販売できることから、**Amazon**で個人輸入販売をしている人も多くいます。

個人輸入販売の多くは、販売価格を安くしてしまう傾向にあるため、**Amazon**内では価格競争が起きやすくなっています。そのため、非常に安い価格で商品を購入することができたりします。実際に見ていきましょう。

前節でも紹介をした、**AirPods**のケースを**Amazon**で探していきます。検索ボックスに「**AirPods** ケース」と入力して検索します。

この時、「並べ替え」で「価格の安い順番」にすると商品が安い順に並びます。

すると、メルカリでは670円で販売されていた**AirPods**のケースが、**Amazon**では298円で販売されていることがわかりました。とても安いですね。

この商品の損益分岐点は、前節で算出したように489円です（89ページを参照）。明らかに利益が出るのがわかります。実際の利益はいくらかを計算してみます。

**●利益の計算式**

**利益＝損益分岐点ー仕入価格**

この計算式を、実際の金額に置き換えてみます。

**●Amazonで目当ての商品を仕入れる**

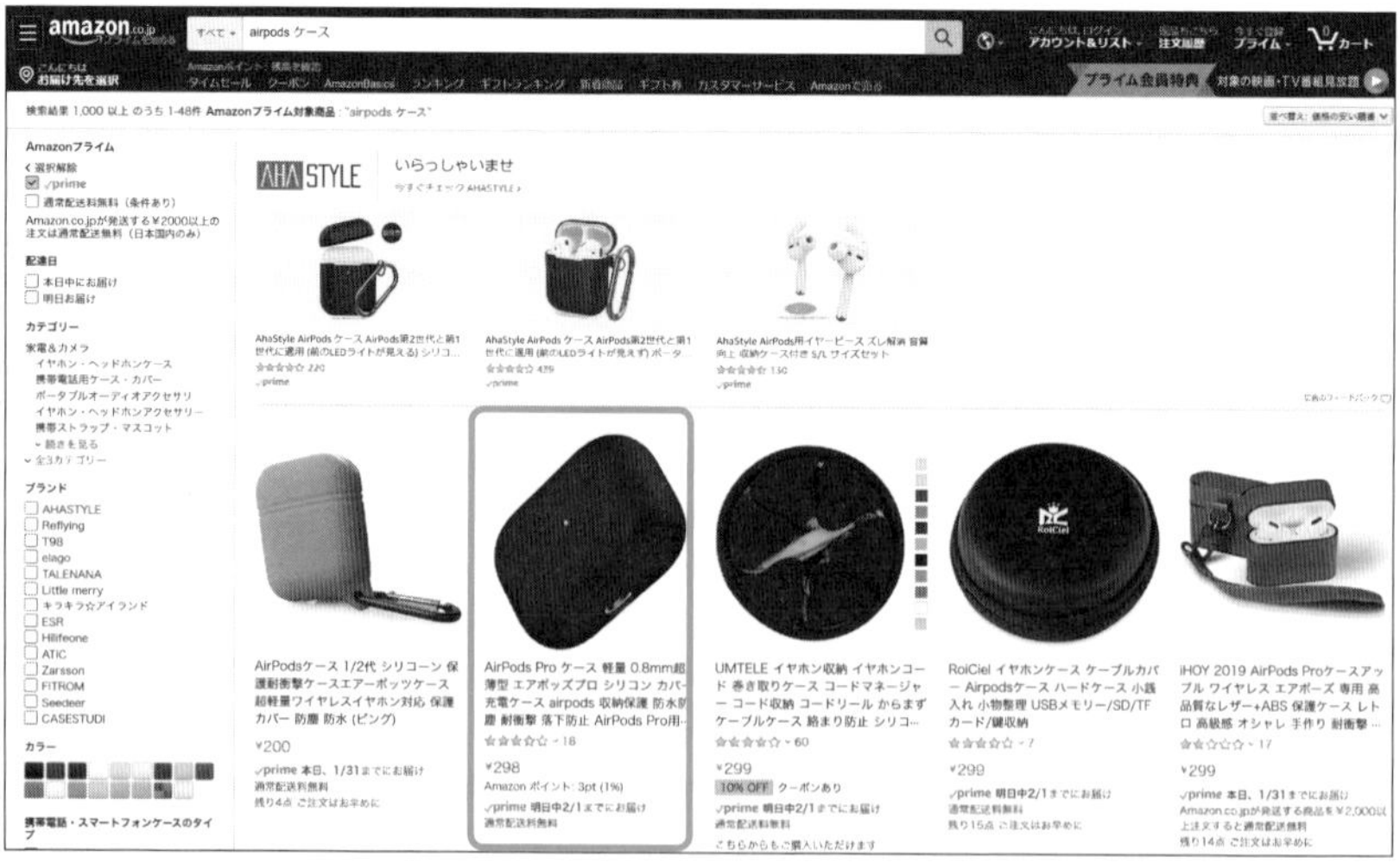

**利益＝損益分岐点（489円）－仕入価格（298円）＝191円**

Amazonでこの商品を仕入れてメルカリで販売するだけで、1個あたり191円の利益が出ることになります。100個仕入れた場合の仕入費用は2万9，800円。すべて売れた場合の利益は、1万9，100円となります。

このように、Amazonで商品を仕入れて販売するだけでも、ちょっとしたお小遣い稼ぎができてしまいますね。

説明のため簡易的に説明していますが、実際にはAmazonで商品を仕入れる際の配送料が発生する場合があります。配送料は注文個数によって変わるため、仕入価格には、仕入時の配送料も含めて計算しましょう。

## 2 ヤフオク！で探す

次に、**ヤフオク！**（**https://auctions.yahoo.co.jp/**）で商品を探していきます。ヤフオク！は、国内大手の**ネットオークション**サイトです。様々な商品が、個人業者を問わず安価に出品されています。オークションということで中古品を想像するかもしれませんが、新品も数多く出品されています。では、実際に見ていきましょう。

こちらも先程と同じ**AirPods**のケースを探してみます。ヤフオク！では過去の落札相場を調べられるので、過去にいくらくらいで落札できているかをチェックしていきます。

これを見ると４９０円～６００円ほどで販売されています。ただ、ヤフオク！の場合、表示価格に「**消費税**」「**送料**」が追加されることがありますので、注意が必要です。

●ヤフオク！の過去落札相場一覧

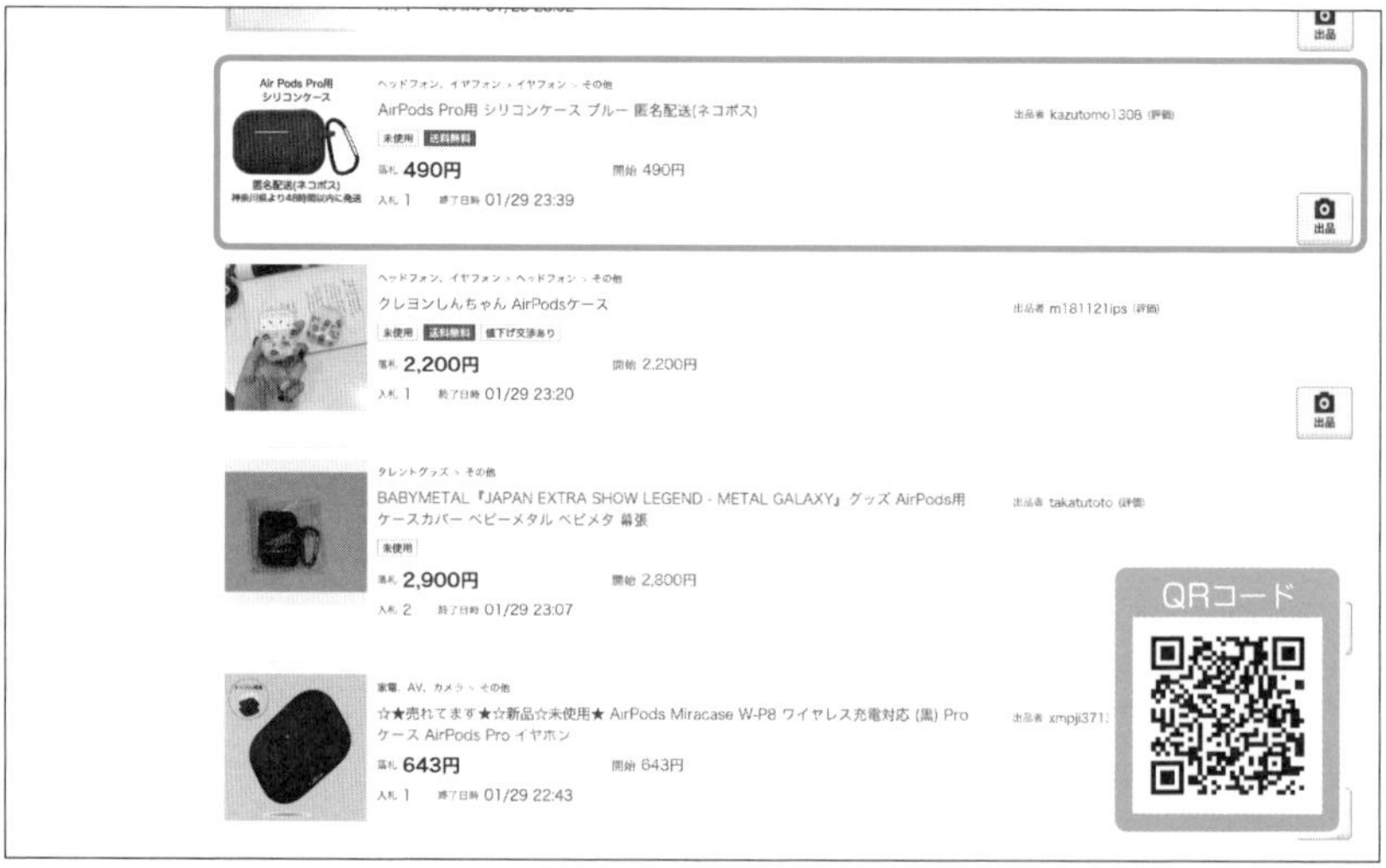

今回、ヤフオク！でこの商品を490円で購入できそうですが、損益分岐点が489円ですので、ヤフオク！で購入しても赤字になることがわかりました。この商品に関してはヤフオク！での購入は向いていないようです。商品によってはヤフオク！のほうが安いこともありますので、商品を仕入れる際には一度はチェックをしてみましょう。

## 一通りチェックして比較

このように商品を仕入れる際には、まずは国内のネットショップから探すことがおすすめです。特にAmazonは早くて安いため、仕入れには向いています。その他、ヤフオク！や楽天市場などのほうが安い場合もあるので、仕入れの際は一通りチェックをしましょう。

　それでも安く仕入れることが難しそうであれば、国外の仕入れを始めたほうが良いかもしれません。国外での仕入れについては、7時限目で紹介していきます。

### 商品の仕入れ先を探すポイント

1. 損益分岐点よりも低い金額で仕入れられるところを探す
2. 個人輸入商品は価格競争のため安く仕入れられることが多い
3. ヤフオク！では送料にも注意

# 03 Amazonで商品を仕入れる

## 1 新規アカウントを取得し、商品を購入する

前節で国内仕入れ先の解説をしました。その中でも最も仕入れ先として有望な**Amazon**で、実際に商品を仕入れてみましょう。**Amazon**で商品を購入するためには**Amazon**のアカウントが必要です。ここでは**Amazon**の新規アカウント作成を行い、商品をキーワード検索して、カートに入れて購入する手順を確認します。

Amazonは初心者でも
安く商品を仕入れられます。
おおいに活用しましょう！

## STEP 1 Amazon トップページからアカウントの新規登録

Amazon（https://www.amazon.co.jp/）にアクセスし、画面右上のアカウントサービスから「新規登録はこちら」をクリックします。

## STEP 2 Amazon アカウントの新規登録画面

名前、フリガナ、Eメールアドレス、パスワードなどの情報を入力し、「Amazon アカウントを作成」ボタンを押してアカウントを作成します。

## STEP 3 検索結果一覧画面

画面上部の検索フォームにキーワード（例では「iPhone7　ケース」）を入力して検索すると、検索結果に商品が一覧表示されます。

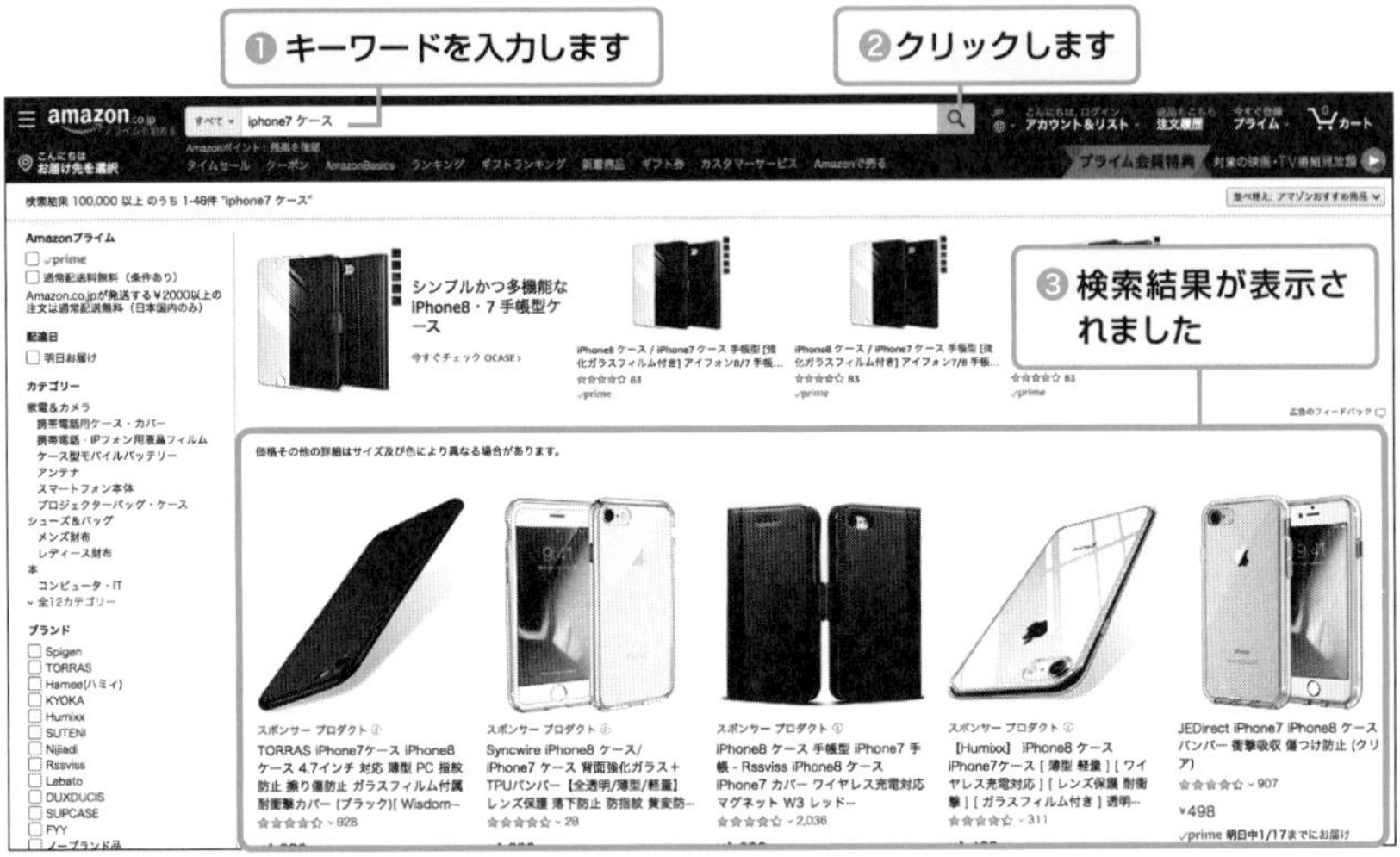
❶キーワードを入力します
❷クリックします
❸検索結果が表示されました
シンプルかつ多機能なiPhone8・7 手帳型ケース

## STEP 4 商品詳細ページから商品を購入する

商品詳細ページを見ると、詳細情報を確認できます。商品の購入は、「カートに入れる」ボタンをクリックして行います。

家電・PC・文房具ウィンタークーポンセール
TORRAS iPhone7ケース iPhone8 ケース 4.7インチ 対応 薄型 PC 指紋防止 擦り傷防止 ガラスフィルム付属 耐衝撃カバー (ブラック)[ Wisdom Series]
¥1,380
カートに入れる
クリックします

## ● 送料（配送料）について

記事執筆時点（2020年1月）、Amazonが発送する2,000円以上の商品は配送料無料ですが、2,000円未満の商品には410円の送料がかかります（北海道・九州・沖縄・離島は450円）。ただし、Amazonプライム会員（年会費4,900円）およびAmazon Student（学生向け会員プログラム。年会費2,450円）会員であれば通常配送等の配送料は無料です。なお、書籍は配送料無料です。

## ● Amazonマーケットプレイス

Amazonでは、Amazonが直接販売・配送する商品と、「Amazonマーケットプレイス」にAmazon以外の業者などが出品する商品を、Amazon上で販売しています。Amazonマーケットプレイスに出品した商品は、Amazonが直接販売するものと一見同じように見えますが、価格や配送料などが異なることがありますので、購入の際は十分注意してください。

## STEP 5 商品届け先の選択

届け先を選択できます。Amazonの場合自宅などの他、全国のコンビニなどの店舗で商品を受け取ることができるため、非常に便利です。

amazon.co.jp
お届け先住所の選択
コンビニなどの店頭で受け取ることもできます。(詳細はこちら)
こちらから利用可能な店舗を検索してください。
LAWSON
FamilyMart
MINISTOP
新しいお届け先を登録してください
必要事項を入力し、「次に進む」ボタンをクリックしてください。
国内の住所：半角、全角文字を使用できます（半角2文字で全角1文字分）
住所1が全角16文字を超える場合は、住所2に続きの住所をご入力ください
コンビニや営業所などの住所を入力すると商品をお受け取りいただけません。
店頭受取の注文方法はこちらをご確認ください。
国外の住所：半角文字の英数字のみ使用できます
※特殊文字は使用できません
※私書箱や空港内の窓口へのお届けは承っておりません
新しい国外の住所を登録する
氏名：
郵便番号:
都道府県:
住所1：
住所2：
店頭受取先を新しく検索する
全国のコンビニなどの店舗で商品をお受け取りいただけます。
住所、郵便番号、または目印となる建物などを入力してください。
住所で検索:
都道府県名：
(例: 渋谷区道玄坂)
郵便番号で検索:
(例: 152-0034)
目印の建物などで検索:
都道府県名：
(例: 東京タワー) 目印の建物は？
検索する

## STEP 6 支払い方法の選択

クレジットカード、代金引換、コンビニ・ATM・ネットバンキング・電子マネー払いなどが選択できます。支払い方法によっては手数料が必要です。

## STEP 7 注文確認画面と注文の確定

注文内容を確認し、問題がなければ「注文を確定する」ボタンをクリックして注文を確定させます。

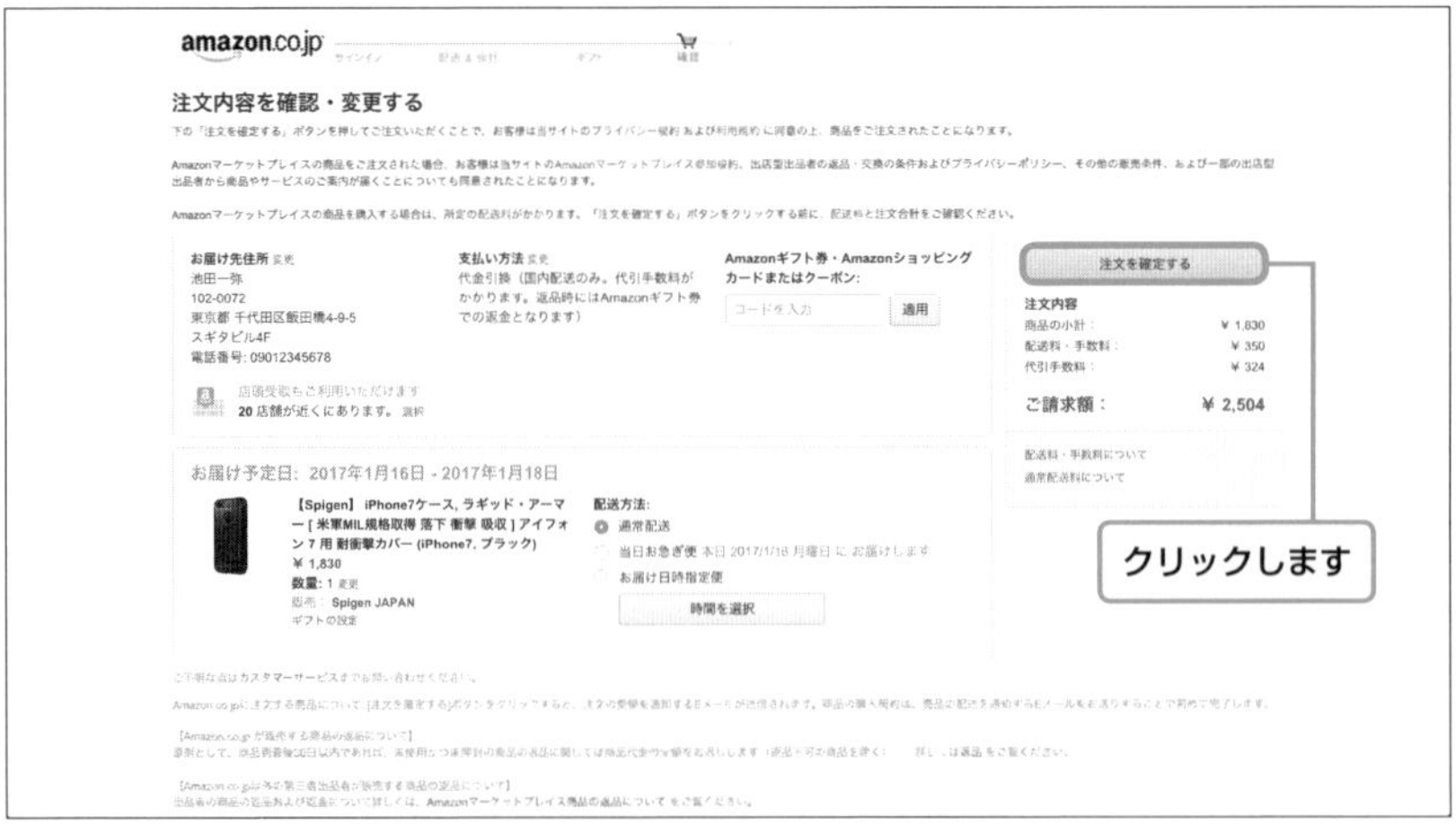

## 2 より安く商品を仕入れたい場合は、海外ネットショップで仕入れる

ここでは、初心者でも簡単に商品を安く購入できる**Amazon.co.jp**を紹介しました。より安く商品を仕入れたい場合は、7時限目を参照してください。海外の大手ネットショップでの購入方法を解説しています。

### Amazonで商品を仕入れるポイント

1. Amazonアカウントを新規登録する
2. キーワードなどで商品検索する
3. 2,000円未満の商品には410円の配送料（一部地域は450円）がかかるので注意（Amazonプライム会員やAmazon Studentは無料）

Column2

# 発送作業の効率化

メルカリを始めると、配送費が高いことが気になってきます。特に低単価の商品を販売する場合、メルカリ便などでは配送料のほうが高くなることもあり、普通郵便を使いたくなります。普通郵便は配送事故時の補償がありませんが、定形サイズの25g以下では84円という安値で発送をすることができます。

しかしながら、普通郵便は宛名書きを自分でしなければならないため、発送数が多い場合はかなりの手間になってしまいます。そのため、この手間をできるだけ効率化することが大切です。

発送数が増えてきたら、ExcelとWordを使い、まとめてプリンターで封筒印刷をするのが簡単です。この方法はパソコンを使う必要がありますが、Excelに宛名データをコピー＆ペーストし、そのデータをWordで読み込み、指定した形に差し込み印刷していくため、多くの宛名を簡単に打ち出すことができます。

パソコンなどを持っていない場合は、パソコン購入のための初期投資が必要になりますが、発送数が毎日数十個もあると、その処理だけで1時間以上かかることもあり大変です。発送数が増えてきて、作業が大変になったら、こうした配送の効率化も意識していきましょう。

詳しいやり方などは、著者公式ページにて紹介していきますので、そちらも御覧ください。

・**著者公式サイト**

**https://kazuyaikeda.com/category/merukari/**

QRコード

# 5時限目
# 説明文や写真で差をつける商品出品のテクニック

ここからは上級編!まずは集客を増やす方法を考えていきましょう。

# 01 「無在庫販売」を勧めない理由

メルカリ転売というと、**無在庫販売**が推奨されるケースが見受けられますが、本書では無在庫販売はおすすめしていません。無在庫販売は確かに在庫リスクのない手法ですが、メルカリで禁止されているという点や、実は「**売れにくい**」という点でやるべきではないと考えています。詳しく紹介していきます。

## 1 無在庫販売とは

無在庫販売は、その名の通り、**在庫を持たずに商品を販売する手法**です。空出品して注文が入ってから商品を仕入れて、それをお客さんに発送します。最近では、商品を購入した翌日に商品が届きます。そのため、お客さんからの注文後に商品を仕入れたとしても、2~3日程度で商品を発送できます。また、仕入れ先によっては、ギフト発送などを利用して購入者へ直送できるところもあることから、無在庫販売という手法が注目されています。

**無在庫販売のメリット**
- 商品が売れてから仕入れるので、在庫を持つ必要がない
- 多種類の商品を同時に出品できるため、売れやすい

**無在庫販売のデメリット**
- 仕入商品の価格が急に変わり、赤字になる危険性がある
- 商品が売れてから仕入れをするため、受注から出荷までに時間がかかる（仕入れ先からの直送で回避できることもある）

このように無在庫販売はメリットが多いため、転売でよく使われる手法ではあります。しかしながら、メルカリ転売に関しては推奨しません。その理由について説明します。

## 2 無在庫販売を勧めない理由1 メルカリの利用規約で禁止されている

そもそもメルカリでは、利用規約で「手元にない商品を予約・取り寄せで販売する行為」を禁止しています。つまり、無在庫販売は禁止されているのです。

利用規約違反をした場合、メルカリの**アカウント永久停止**という厳しい処罰を受けます。原則、メルカリではアカウントは1人につき1つしか持てないことから、アカウント停止は**メルカリからの撤退**を意味します。

そのため、**1つのメルカリアカウントをしっかりと育てる**という方法を本書では推奨しています。

## 3 無在庫販売を勧めない理由2 最終的に「価格競争」にしかならない

無在庫販売は、確かにメリットが多い手法です。商売上もっともリスクが大きい「**在庫**」を持たずに販売ができるので、上手くできれば十分な利益を稼ぐことも可能だと思います。

しかしながら、簡単で誰でもできる方法だからこそ、**無在庫販売の未来は暗い**のです。無在庫販売には、最終的に価格競争に巻き込まれて、疲弊していく未来しかありません。

最近のメルカリでは、無在庫販売ユーザーが非常に多く見受けられます。そのため、同じ商品がタイムラインを埋め尽くし

無在庫販売はメルカリの規約で禁止！
その上、価格競争しかない
消耗戦になるリスク大です。

てしまっています。同じ商品写真で同じ商品が複数出品されている場合、商品購入の決め手は、**「価格」「発送までの日数」「出品者の評価」**です。とりわけ、価格は重要な要因となります。**ライバルが多い商品の場合、最終的には安いほうが有利**という展開になってしまいます。それでは価格競争に巻き込まれ利益がどんどん減っていき、最終的には辛い労働となってしまうわけです。

## 4 ライバルとの差別化をはかり、消耗戦を避ける

メルカリのように、誰でも簡単に商品を販売できるような場では、ライバルが多くなりがちです。無在庫販売はライバルと差別化をすることが困難です。そのため、本書では無在庫販売ではなく、ライバルとの差別化をはかり消耗戦を避け、商品を高く販売するための手法について解説していきます。

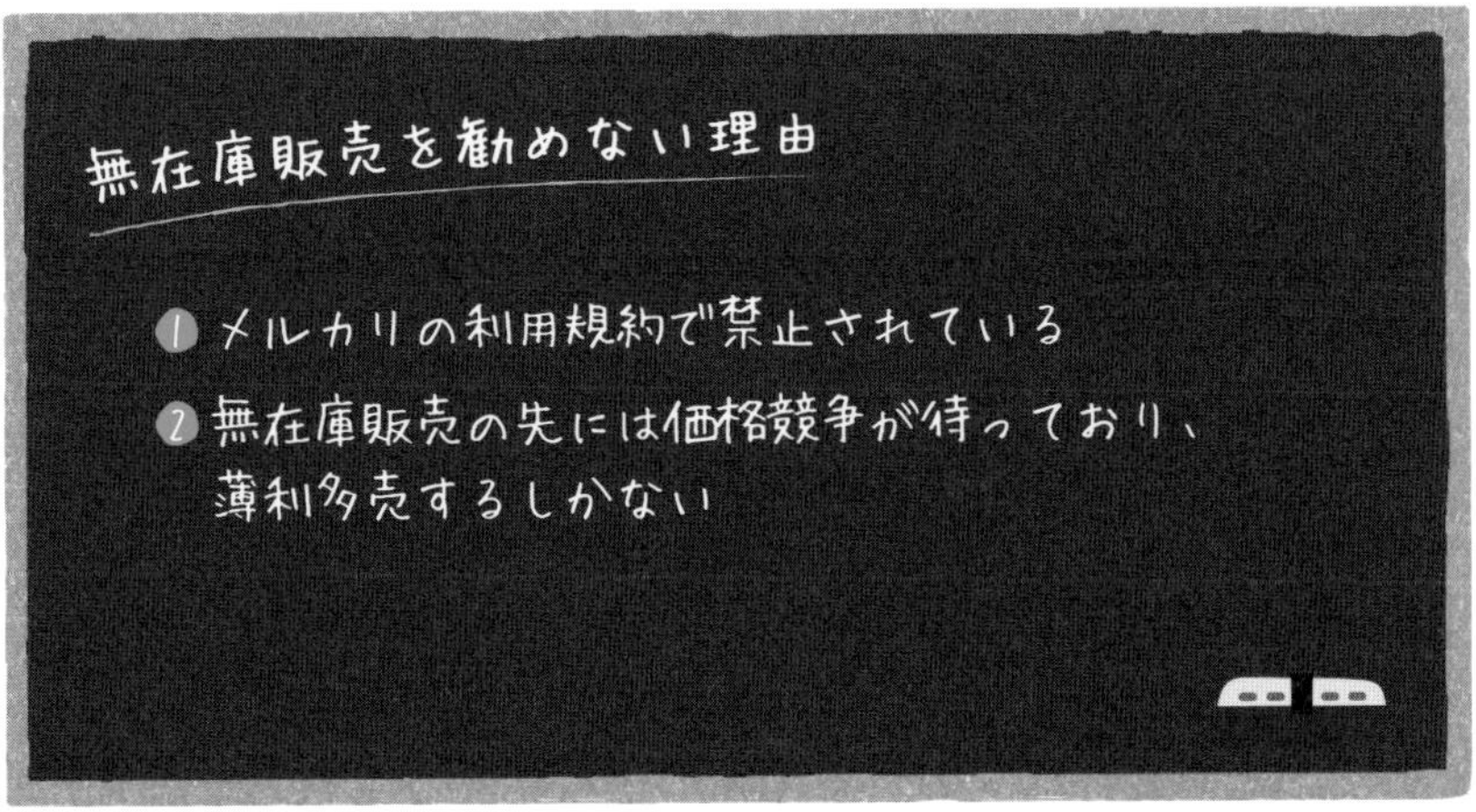
無在庫販売を勧めない理由
1 メルカリの利用規約で禁止されている
2 無在庫販売の先には価格競争が待っており、薄利多売するしかない

# 02 売上を増やすために必要な考え方

細かなテクニックを解説する前に、「売上を増やすために必要な考え方」を紹介していきます。

## 1 販売数＝集客×購入率

メルカリに限らず物販全般に言えることですが、「**販売数**」を増やすために必要なことは、「**集客を増やす**」か、「**購入率を上げる**」ことです。

つまり、売上を増やしたいのであれば、この2つを改善するための施策が必要になるわけです。

**集客数を増やす方法の例**

- SEO対策（タイトルや商品情報など）
- 目を引く画像を作成する
- 出品頻度を増やす（増やしすぎはNG）

**購入率を上げる方法の例**

- 競合と差別化する（特典・配送・初期不良対応など）
- 自分の評価を育てる

次節以降、1つずつ具体的に解説していきます。

## 売上を増やすための考え方

1. 売上を増やすためには、集客数を増やすか、購入率を上げることが必要
2. 集客数を増やすには、SEO対策や商品画像の工夫などが有効
3. 購入率向上には競合との差別化などが効果的

# 03 集客数を増やすSEO対策

売上を増やすための最も簡単で重要な方法が**SEO対策**、いわゆる**検索エンジン対策**です。メルカリのサイト内検索で、いかに自分の商品がたくさん表示されるようにするかということです。

メルカリのサイト内検索が検索対象にしているのは、次の2箇所です。

● **商品名（40文字）**

● **商品の説明（1，000文字）**

この「商品名」と「商品の説明」に、お客さんが検索するようなキーワードを盛り込むことによって、あ

●メルカリ出品画面の「商品名」「商品の説明」

なたの商品への集客力が増えるわけです。具体的なポイントを見ていきましょう。

## 1 「正式名称」「略称」のいずれも含める

キーワードは、**正式名称**と**略称**の両方を押さえるようにしましょう。例えば「スマホ」という言葉がありますが、これは略称であり、正確には「スマートフォン」です。どちらのキーワードも含めることによって、取りこぼしを防ぐことが可能になります。

### サジェストキーワードを網羅しよう

**iPhone**や**Android**スマホのメルカリアプリ上で検索キーワードを入力すると、自動で予測キーワードの一覧が表示されます。ここに表示されるキーワードはよく検索される可能性のあるキーワードですので、これらのキーワードで必ず表示されるようにしましょう（記事執筆時点ではパソコン版の

●メルカリ商品検索のサジェスト機能

●●●●● docomo
17:10
65%
セルカ
セルカ棒
セルカレンズ
セルカ棒 ボタン付き
セルカ棒 ボタン付き iphone6
セルカ棒 ボタン付き iphone6s
セルカレンズ 高画質
セルカ
セルカ棒 iphone7
あ
か
さ
た
な
は
空白
ABC
ま
や
ら
検索
^^
わ
、。?!

メルカリには未実装)。

## 2 表記ゆれを意識する

メルカリで「**Wi-Fi**」というキーワードで検索した場合、「**wifi**」や「**WiFi**」と記述されている商品はヒットしますが、「ワイファイ」「わいふぁい」ではヒットしません。

「**Wi-Fi**」キーワードで最大限ヒットさせようと思った場合、「**Wi-Fi**」で検索するであろう様々な表記を、商品説明に盛り込む必要があります。これにより、あなたの商品が検索対象から外れるのを防ぎ、集客力が格段にアップするのです。

## 3 関連ワードを意識する

メインキーワードのほかに、関連するキーワード(**関連ワード**)も商品説明に入れておきましょう。例えば防水スピーカーを販売する場合、この商品を使う人を想定して、関連ワードを探ります。お風呂で防水スピーカーを使用するのを想定するなら「お風呂」「バス」というキーワードが考えられます。

略称や表記ゆれ、関連キーワード対策は、検索から漏れないようにするための工夫です。

また、アウトドア用品を探している人がたまたま見つけて「屋外使用にいいじゃないか！」と購入してくれるケースも考えられます。その場合は「アウトドア」「バーベキュー」などのキーワードを含めることも検討すべきでしょう。

このように、出品商品を購入しそうな人が検索で利用しそうなキーワードを盛り込むことも重要です。

## 4 購入率を上げる工夫もしよう

これまで説明したSEOは、言ってみれば「**集客のためのテクニック**」です。

一方で、商品ページにたどり着いた購入者に対して、購入を促す（購入率を上げる）ための工夫も必要です。商品名や商品説明文に、購入者の背中を押すような文言を積極的に盛り込んでいきましょう。

### 効果的なキャッチコピー

● 送料無料

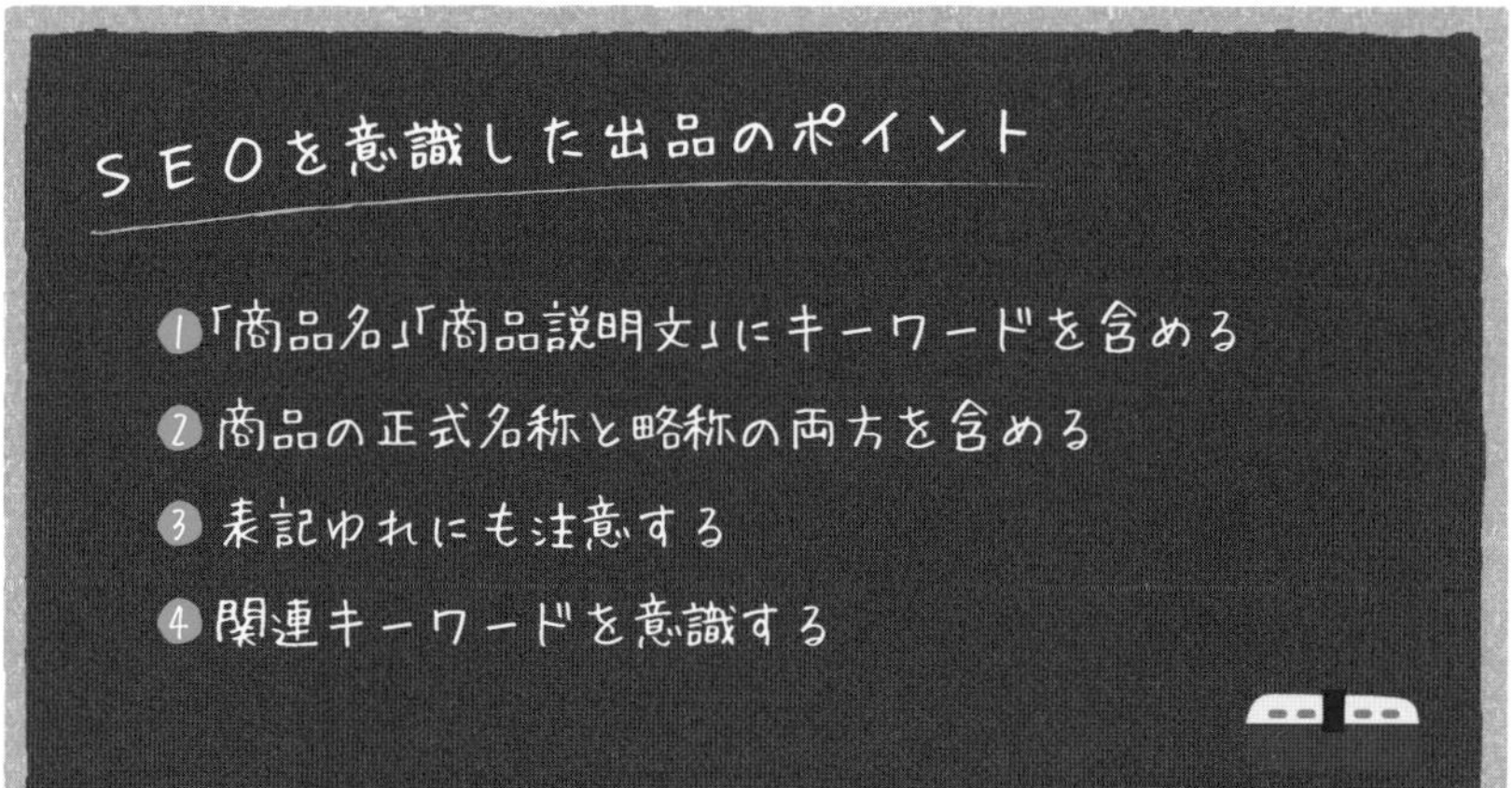
SEOを意識した出品のポイント
1「商品名」「商品説明文」にキーワードを含める
2 商品の正式名称と略称の両方を含める
3 表記ゆれにも注意する
4 関連キーワードを意識する

● 在庫処分
● 期間限定！

商品タイトルの前にこうしたアピールをすることで、購入率を高めることができます。ただし、**景品表示法**に抵触する恐れがあるため、**嘘の記載はＮＧ**です。

## 5 自然で効果的な商品説明を作り上げよう

商品説明は1，000文字入力できるため、キーワードを存分に含みながらも、購入率をあげるような表現を盛り込んでいきましょう。

例 **スマホのセルカ棒の場合**

**iPhoneやAndroidスマートフォンに対応したスマホ用セルカ棒！ 自撮りをする際に便利！ この自撮り棒を使えば、遠い距離から撮影ができるので、背景もバッチリ写せます！**

**▼対応機種**

iPhone 4／5／5s／6／6S／6 plus／7／7 plus

GALAXY J、S5、S6、Note2、Note3、Note4、Note5、S7

▼よくある質問

Q. ケースに入れても使えますか？

A. はい、使えます。

Q. セルカレンズも同時に使用できますか？

A. クリップタイプのものであれば使用可能です。

色がついている単語の部分が、SEO対策用のキーワードです。直接キーワードの他、「自撮り棒」「セルカ棒」など複数の表現への対応、対応機種などの関連ワード、さらにケースやセルカレンズを探している人にも気づいてもらえるような工夫を盛り込んでいます。

さらに、単にキーワードを羅列するのではなく、商品の用途やメリットの説明の中に混ぜているため、自然な文章になっています。

## 6 売れているほかの出品者の真似から

無在庫販売ユーザーは薄利多売であるため、一つ一つの商品に時間をかけられません。そのため、こうしたキーワードをしっかり網羅することが差別化になり、売上アップの鍵となります。

ただし、このようなキーワードは慣れないうちはなかなか思いつかないこともありますので、**最初は売れている出品者の商品説明を上手く真似することが大事**です。売れている人はそれだけ良い点があるということなので、商品説明やタイトルを見て参考にしてみてください（ただし、コピペは厳禁です）。

### 購入率を上げるためのポイント

1. SEO（検索エンジン対策）だけでなく、人間（購入者）を意識したテキストを心がける
2. 「送料無料」「在庫処分」「期間限定」など、購入者に訴えかけるキャッチコピーを使う
3. 売れている商品の説明方法を参考にする

# 04 商品の画像・写真を撮影する

出品商品の**画像・写真撮影**について解説します。商品写真はあなたの商品を選んでもらうための第一歩です。画像を工夫して、あなたの商品への集客を増やしていきましょう。

**写真・画像による期待効果**
- **自分の商品ページへの誘導率アップ**

## 1 商品写真を工夫する

写真・画像を工夫することで、自分の商品ページへの誘導率を高めることができます。例えば、次ページの検索結果一覧を見ると、6個中5商品は同じ商品です。中でも5個は色違いなだけで、同じ商品画像が使用されています。

仮にこれと同じ商品を販売する場合、これらと同じ画像を使ったらどうでしょうか。検索画面の中が同じ商品で溢れ、あなたの商品は埋没してしまうでしょう。

これを避けるためにも、**ライバルとは全く別の画像を使用する**ことが効果的です。最近はスマホで簡単に画像加工ができるので、ぜひツールを利用してオリジナルの商品写真を作成してください。

**画像加工時のポイント**

- **「送料無料」などアピール点を簡潔にまとめ、1枚目の画像を重視した作りにする**
- **外枠をつける**

## 1枚目の画像を重視

加工時のポイントですが、まずは**検索画面で表示される1枚目の画像を重視**して作成します。1

●同じ商品写真が並ぶため、製品写真で個性を出すメリットは大きい

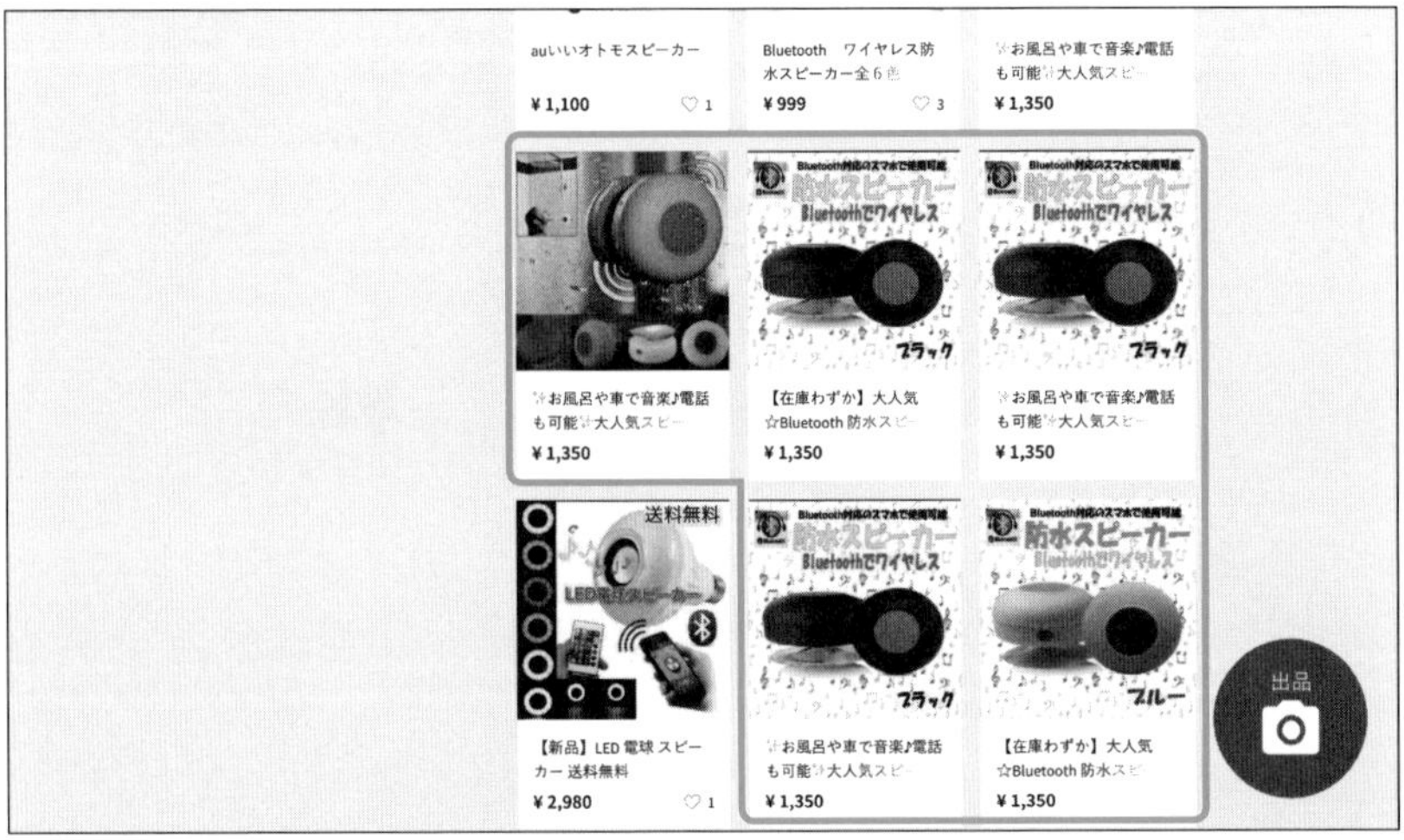

枚目の画像には、商品写真だけでなく「送料無料」など文字も入れましょう。わかりやすくアピールすることが重要です。

しかし、情報を詰めすぎるのはNGです。キャッチコピーとなりそうな言葉を1つ2つ程度、簡潔に入れましょう。

## 画像に外枠を付ける

また、メルカリではあまり実践している人は少ないのですが、**商品画像に外枠をつける**だけでも効果的です。同じような商品写真が並ぶ中、外枠が付いている商品画像は目立ちます。

こうしたちょっとした工夫で自分の商品への集客力を増やすことができるので、画像作成時はこうした点を意識してください。

**●サムネイル画像に外枠を付けると目立つ**

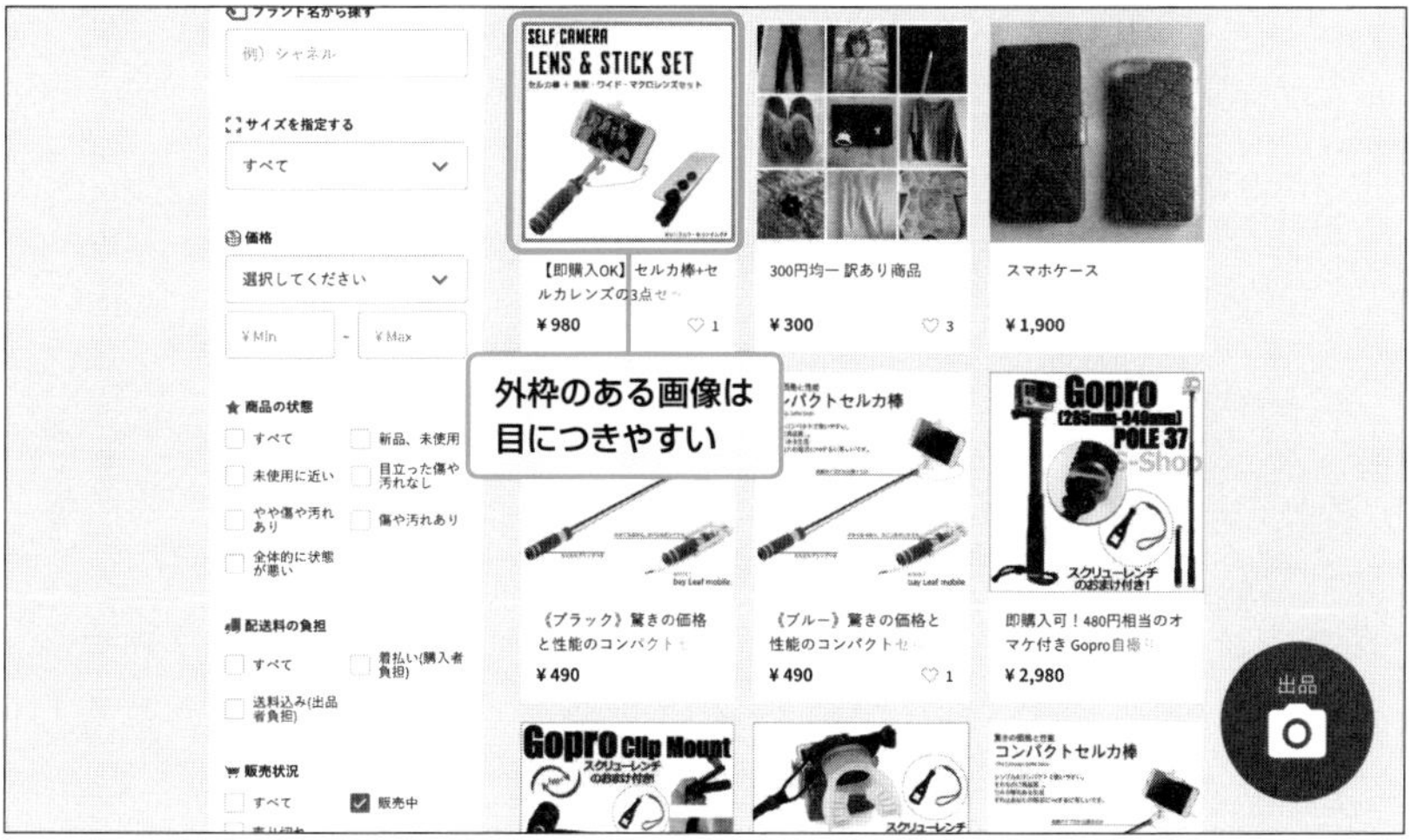

## 2 画像使用時に注意するべき点

画像使用時の注意点もしっかり押さえておきましょう。

**画像使用時に注意するポイント**
- **他人の画像の無断使用は著作権侵害のためNG**
- **過度の加工は、商品を誤解させる恐れがあるため注意が必要**

### 著作権侵害に要注意

メルカリ転売をしている出品者に非常に多いのですが、仕入先の画像をそのまま使用しているケースがあります。しかし、**画像の無断転載は著作権侵害**にあたり、刑事罰を受ける恐れがあります。絶対に避けましょう。

**商品写真は自分で撮影したものを必ず使用してください。**それ自体がライバルとの差別化にもつながりますし、余計

他者の画像を無断で転用するのは厳禁。
また、画像を加工しすぎて
商品を誤解させないように注意しよう。

なトラブルを回避することにも繋がります。

## 画像加工はほどほどに

商品画像の加工はほどほどにしましょう。特に「**商品の色**」を変えるような加工はリスクがあります。実物と商品写真の色が違うことでトラブルになることがあります。過度の加工は要注意です。

商品画像は、自分の商品に集客をするための重要な要素です。最初は難しいかもしれませんが、いろいろと試しながら最も効果のある画像を見つけていきましょう。

### 商品画像のポイント

1. サムネイル画像になる一枚目の画像を工夫する
2. 「送料無料」などアピールポイントを明確に
3. 画像に外枠を付けるとサムネイル表示で目立つ
4. 著作権侵害に注意
5. 商品の色の加工はNG

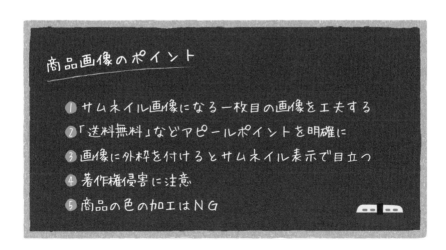

# 05 配送方法の選択

配送方法の決め方を解説します。メルカリでは配送方法を「出品者負担」にするか「購入者負担」にするかを選択できますが、「**出品者負担**」にすることを強くお勧めします。

**出品者負担をお勧めする理由**
- **「配送料無料」と記載でき、売れやすくなる**
- **着払いは購入者が敬遠しやすい（配送料が事前にわからないため）**
- **発送時に出品側が自由に配送方法を決定できる（着払いの場合、指定されて面倒）**

## 1 配送料の概算を知ろう

出品者が配送料を負担するとなると、できるだけ安く済ませたいものです。配送料は思っている以上に大きいものです。特に低価格な商品では、価格に占める配送料の割合が極めて高くなります。

そのため、事前に配送料をしっかり把握していないと赤字になるので、注意してください。

## 「送料の虎」で送料の概算を把握しておこう

商品を配送する方法はたくさんあり、それぞれ特徴があります。商品販売する上で一番良い配送方法を自分で見極める必要がありますが、おおよその配送方法と費用感を知ることもできます。

**「送料の虎」**（**https://www.shipping.jp/**）というサイトでは、商品のサイズや重量、発送元・発送先を入力することで、各配送方法の料金を一覧で表示してくれます。このようなサービスを利用して、まずは送料の概算をチェックしてみましょう。

送料の虎は便利ですが、配送サービスをすべて網羅しているわけではありません。特に注意が必

●送料の虎（https://www.shipping.jp/）

要なのは、メルカリ独自の配送サービスである「**メルカリ便**」が表示されないことです。あくまでも概算の送料や配送方法をチェックする場合に使ってください。

## 2 メルカリ転売でお勧めの配送方法

メルカリでよく使われる主要な配送方法を紹介しておきます。

メルカリでは「**ゆうゆうメルカリ便**」や、「**らくらくメルカリ便**」という独自の配送サービスを提供しており、通常の配送方法よりもお得になっていますので、販売する商品の金額やサイズによってはこうしたサービスを積極的に利用しましょう。

メルカリでは、次のような配送方法がよく利用されています。

**主要な配送方法**

持込場所：郵便局・ポスト

- **定形／定形外郵便（84円〜）**
- **クリックポスト（一律188円）**
- **ゆうメール（180円〜）**
- **レターパック（370円・520円）**
- **ゆうパケット（250円〜）**

持込場所：郵便局・ローソン
- ゆうゆうメルカリ便：ゆうパケット（一律175円）
- ゆうゆうメルカリ便：ゆうパケットプラス（一律375円＋専用BOX65円）
- ゆうゆうメルカリ：ゆうパック（700円～）

持込場所：ヤマト運輸・PUDO（宅配便ロッカー）・ファミリーマート・セブンイレブン
- らくらくメルカリ便：ネコポス（一律195円）
- らくらくメルカリ便：宅急便コンパクト（380円＋専用BOX70円）
- らくらくメルカリ便：宅急便（700円～）

こうした配送サービスがメルカリでは主流です。この中から、商品サイズや重量によって配送方法の使い分けをしていきましょう。また、自分が発送しやすい方法を選ぶのもポイントです。普段の生活にも合わせて、最適な配送方法を見つけましょう。参考例を紹介していきます。

**CDや雑貨など小型のものを送る場合**
- 定形／定形外郵便
- ゆうメール
- クリックポスト
- レターパック

- ネコポス
- ゆうパケット

**大きいものを送る場合**
- らくらくメルカリ便：宅急便（700円～）
- ゆうゆうメルカリ：ゆうパック（700円～）

## 大きな商品はメルカリ便で配送

定形外郵便やネコポスでは送れないような商品は、メルカリ便での発送を推奨します。メルカリ便には多くのメリットがあります。

**メルカリ便のメリット**
- 全国一律送料
- ヤマト運輸やゆうパックよりも料金が割安
- ファミリーマートやセブンイレブンで24時間発送できる
- 配送先の情報入力などが簡単
- 配送が早い

荷物の大きさや形状によって、
適した配送方法を把握しておこう。

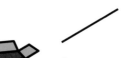

● **荷物追跡や配送補償がある**

このように、メルカリ便にはたくさんのメリットがあります。一定以上の金額の商品でないとメルカリ便を使用することはありませんが、一般の宅配サービスを使うよりは安価で送れる場合が多いので、商品によっては是非利用しましょう。

## 3 価格以外に注意するべきポイント

その他に、配送方法を決定する際に注意するべき点を紹介します。

**その他配送方法で注意するポイント**

- **発送先地域・重量に注意**
- **補償制度があるか**
- **追跡番号があるか**

## 配送地域・重量に注意

配送方法によっては、発送先によって料金が変わる場合があります。例えば北海道から発送する場合、沖縄への発送費用はとても高額になるのが一般的です（ゆうパックや宅急便など）。また、重量が重いものも要注意です。自分が発送する商品のサイズや重量・地域別の料金を事前に確認しておきましょう。

## 補償制度があるか

配送時にトラブルが発生した場合に、補償する制度があるかどうかも重要です。送った商品が何かしらのトラブルで購入者に届かない場合や、**配送中に商品が壊れてしまった**場合など、購入者と揉める原因になります。配送方法の中には、商品の破損に対する補償などがあるかどうかも、配送方法を決める上では重要です。

なお、商品の梱包状況によっては補償を受けられないこともありますので、高価なものを発送するときは梱包と配送方法には気をつけてください。

商品が届かずにトラブルになって困る場合は、**らくらくメルカリ便：宅急便**や、**ゆうゆうメルカリ便：ゆうパック**を利用するのが良いです。これらの配送方法だと通常30万円までの補償があります。また、**らくらくメルカリ便：宅急便コンパクト**は3万円までの補償があります。万が一に備える場合は、こうした配送補償のある配送方法を検討してみてください。

## 追跡番号があるか

商品発送時に、購入者から**追跡番号**を尋ねられることがあります。定形外郵便などの場合は追跡番号がありません。追跡番号の有無も事前に確認しておくべきです。

配送方法は多岐に渡り、商品によって何が最適か変わります。知らないと損をするようなこともありますので、各配送サービスは事前によく把握しておきましょう。

### 配送方法の選択のポイント

1. 配送料の概要を把握しておこう
2. 大きな商品は全国一律料金の「メルカリ便」で
3. 離島などの配送地域や重量にも注意
4. 配送事故の際に補償がつくかどうか
5. 追跡番号がある配送方式か

Column 3

# 確定申告と個人事業主

メルカリ転売に限らず、副業をする上で無視できないのは、税金の問題です。本業がある人の場合、本業とは別に年間20万円以上の所得があれば、確定申告をする必要があります。また、働いてない人でも、年間38万円以上の収入が発生する場合は基本的に確定申告が必要です。税率は所得額等によって変動するので人によって違いますが、通常は一括で所得税を納めるため、事前にある程度把握しておかないと大変な目にあいます。

こうした税金への対策として、**個人事業主登録**をするという選択肢があります。個人事業主として申請して**青色申告**をすれば、年間の利益額から65万円を控除した金額が課税対象額となり、税金上大きなメリットがあります。

簡単に例を挙げます。年間100万円の利益があった場合、個人事業主として登録してなければ利益全額の100万円に対して数十％の税金がかかります。一方で、個人事業主として青色申告していれば35万円（100万円－65万円）に対して数十%の税金がかかるため、大きな節税効果が生まれます。仮に税率が20%であれば、前者は20万円の税金を支払う必要があるのに対し、後者は7万円で済むのです。

なお確定申告の際には、メルカリ転売に支払った費用を**経費**として計上できます。例えば**商品の仕入れ代金、送料、梱包材費**などです。自宅を作業場にしていた場合、**自宅の家賃の一部**を経費として計上することもできます。適正な経費を計上することで節税になるので、メルカリ転売をする際には、かかったお金は必ず領収書をもらい保管をしておくようにしましょう。

税金は初心者にとっては難しいですが、最近では「**MFクラウド会計**」（**https://biz.moneyforward.com/**）などの会計ソフトもあり、一度ルールを覚えてしまえば簡単に処理ができるようになりました。詳細の説明は本書では割愛しますが、メルカリ転売である程度利益が出てきたら、税金についても意識しましょう。

**●MF クラウド会計**

QRコード

# 6時限目
# 競合との差別化をはかる商品販売のテクニック

ライバルと差別化して、購入率を上げるテクニックを解説します！

# 01 ライバルとの差別化をはかる

商品の購入率を高めるため、またライバルよりも高い価格で購入してもらうために、商品を差別化するための努力が必要です。ここでは**差別化のポイント**を紹介していきます。

**ポイント**
- 特典やオマケをつける
- セット販売という考え方
- 配送スピードをアピール
- 保障を充実させる
- 画像を工夫する

## 1 特典やオマケをつける

商品に**特典**や**オマケ**をつけることで、ライバルとの差別化をはかることができます。

### 例 日本語の説明書をつける

例えば、海外製品を輸入して販売する場合、日本語の説明書がついていないことがほとんどです。**日本語説明書**がついているというだけでもお客さんにはメリットがあります。

自分で翻訳したり、あるいはクラウドソーシングで安価に外注して説明書を作ったりするのも良いでしょう。こうした説明書は印刷代程度しかかからない割に効果が期待できます。

## 2 セット販売でお得感を出す

複数の商品を組み合わせて販売することで、商品自体のお得感を出すことができます。セット販売の例を見てみましょう。

一手間かけたオリジナル特典や
セット販売などで、お金をかけずに
ライバルと差別化しよう！

### 例 iPhoneケースと保護フィルムをセットにする

例えば、**iPhoneケース**を購入しようと考えている人は、同時に**画面保護フィルム**を購入したいと考えていることがあります。それぞれ単品で購入するのが面倒な購入者は、その2つがセットになっている商品を買いたいと思うでしょう。

また、**セット販売**することで2つの商品を別々にするよりも送料が減る可能性があります。そうすると2つを別々に売るよりも「利益が大きくなる」「発送の手間が省ける」というメリットがあります。さらに、送料が浮いた分を値下げすることもできるので、ライバルとの競争力を高めることも可能です。

### 例 シガーソケット用電源アダプターとUSBケーブルをセットにする

シガーソケット用の電源アダプターは、車でスマホなどを充電する際に使います。つまり、シガーソケット用電源アダプターを購入する人は、USBケーブルも同時に購入してくれる可能性が高いわけです。

次ページの検索結果を見てください。単品のシガーソケット用電源ア

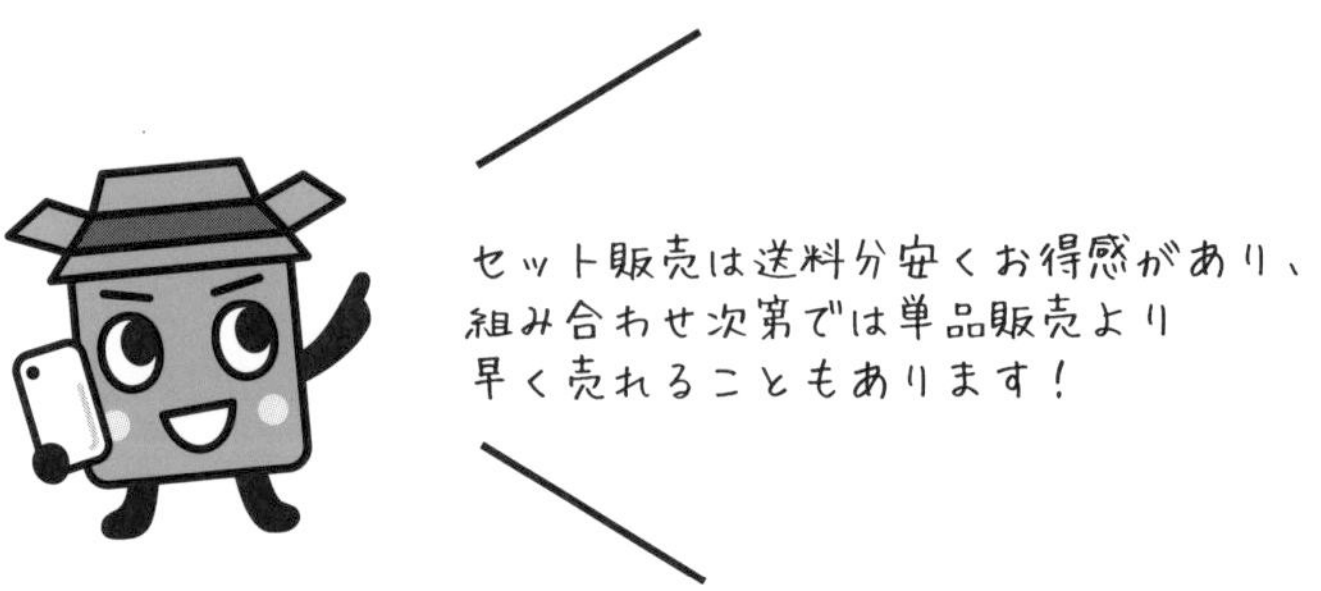
セット販売は送料分安くお得感があり、組み合わせ次第では単品販売より早く売れることもあります！

ダプターと、同じ電源アダプターに２本のＵＳＢケーブルを付属したセット商品があります。セットにしたことで単品より２８０円高く販売されていますが、セット商品は売り切れています。

ＵＳＢケーブルは1本１００円以下で仕入れることも可能で、仮に２本で２００円だとしてもセットにしたことで単品販売よりも80円利益を増やせます。

各商品を単品販売した場合、配送費がそれぞれにかかります。セットであれば1回の配送費で済みます。例外はありますが、上手く配送できれば配送費も抑えられ、利益を増やせます。

**●単品販売（下）とセット販売（左上）の例**

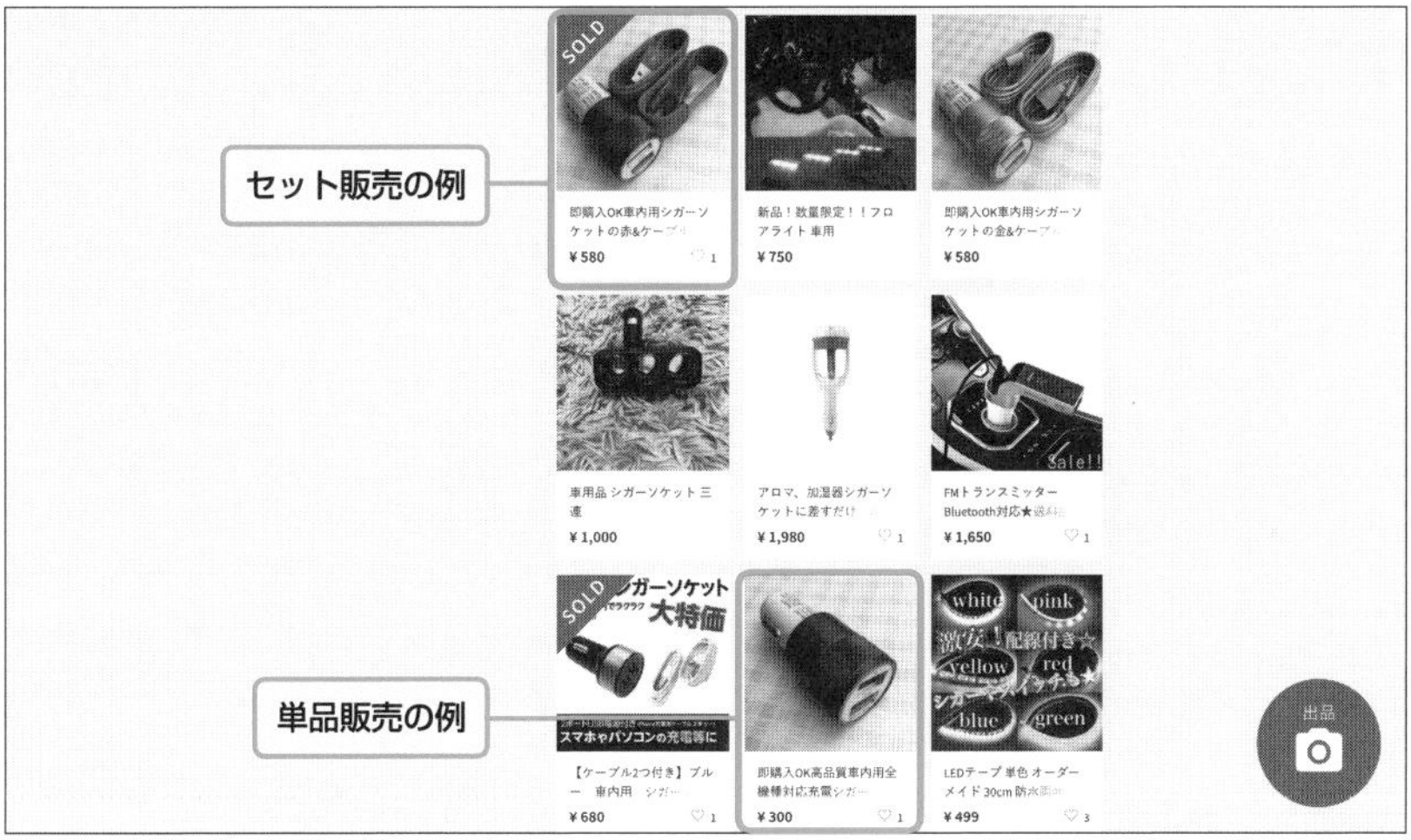

## 3 配送スピードをアピール

無在庫販売出品者たちと差をつけやすいのが**「配送スピード」**（特に**受注から発送までの時間**）です。

無在庫販売の仕入れ先によっては「ギフト」配送によって直送できるケースもありますが、多くは受注してから商品を仕入れるため、その仕組み上どうしても時間がかかります。その点、手元に在庫を持った販売は配送スピードで優位に立てます。日中は本業がある人が副業で行う場合であっても、夜や朝に発送できるので、こうした配送スピードで差別化することも可能です。

## 4 補償を充実させる

初期不良や配送事故時の初期不良の対応を明記することも重要です。初期不良で商品を交換するのは当たり前のことですが、あえてそれを明記することで、購入者に安心感を与えることができます。例えば**「商品到着後1ヶ月の初期不良は送料出品者負担で交換します」**という

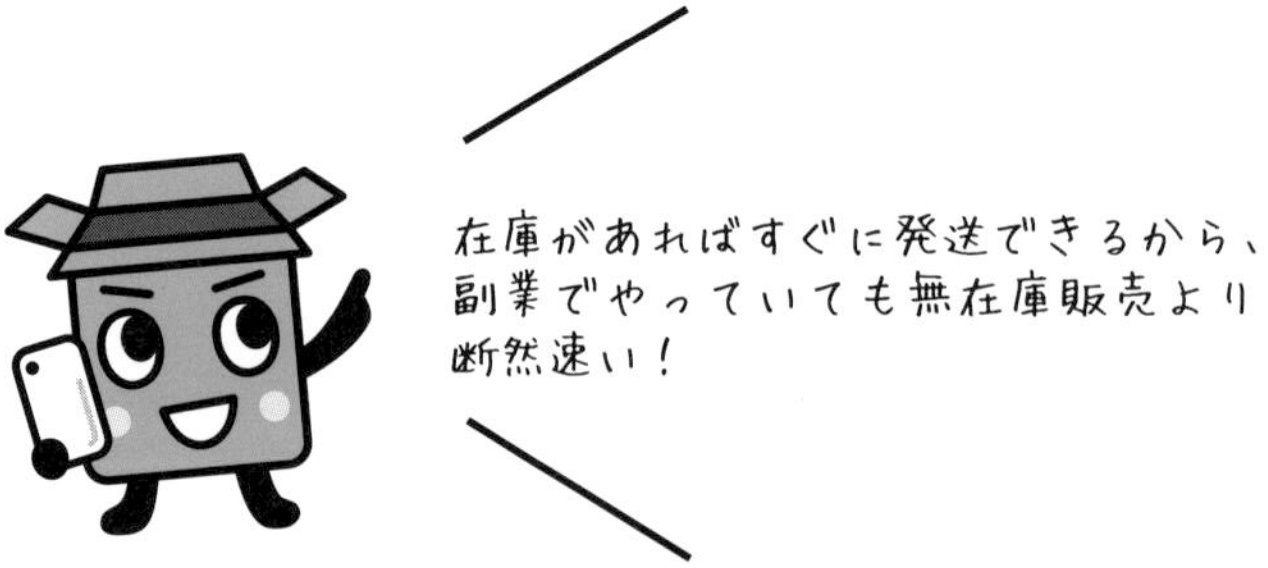
在庫があればすぐに発送できるから、
副業でやっていても無在庫販売より
断然速い！

内容があれば、お客さんも安心して取引ができます。

メルカリには、業者ではない一般的な出品者が多いため、こうした購入者に安心感を与えるアピールも大切です。また、配送時の事故補償がない配送方法を選択する場合、配送事故の補償を出品者がすることも、同様に安心感を与えられるため効果的です。

## 補償を充実させる場合は初期不良率に注意

補償を充実させる場合に注意するべきことは、**初期不良率や配送事故率**をあらかじめ予測して価格を設定する必要がある点です。特に初期不良率が高い商品の場合は、商品価格を高めに設定しないと利益を出すのは厳しいです。

例えば原価５００円、送料１２０円の商品を１，０００円で販売し、それが初期不良だった場合を考えてみましょう。

まず、最初に送った原価５００円＋１２０円はそのまま損失になります。さらに、新しい商品を発送するため原価５００円＋１２０円が発生します。この時点で１，２４０円が原価として発生しています。さらに１，０００円の10％（１００円）がメルカリに手数料として取られるので、トータル１，３４０円の費用がかかったことになります。

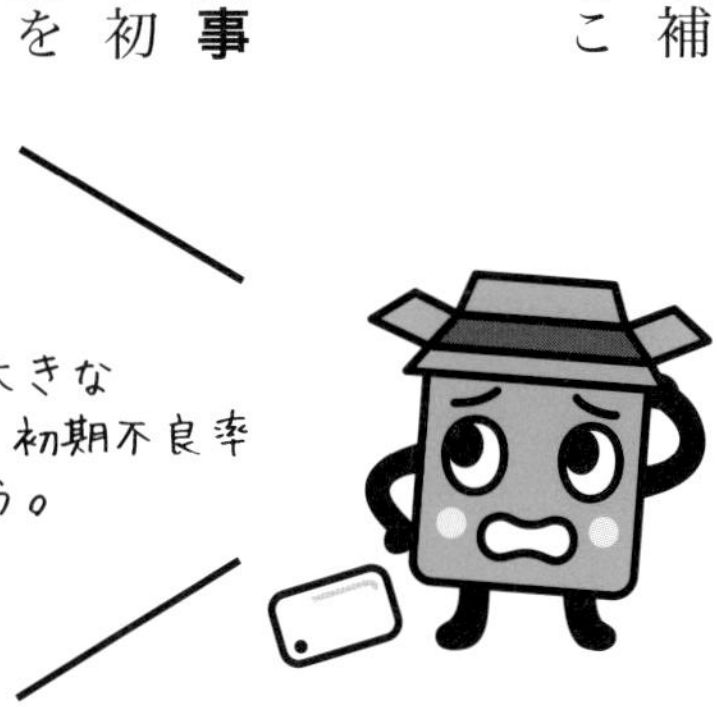
トラブル発生時の補償は大きなアピール点です。ただし、初期不良率が高い商品には注意しよう。

なお、不良品の返品はコストがかかるだけなので、なしとします。

一方で売上は1，000円ですので、赤字340円です。この商品を1個販売したときの利益が280円ですので、1個の初期不良が発生するだけで利益はなくなり、大打撃になります。

初期不良品を回収し、仕入元から新しいものを無料で交換してもらえればこのようなことはないのですが、海外仕入れの場合は交換自体に手間とコストがかかるので、泣き寝入りするほうが得（損害が少ない）であることもしばしばです。

補償を充実させる場合は、初期不良を踏まえた上で商品価格を設定しないと痛い目にあうので、注意が必要です。

## 5 商品画像を工夫して集客力アップ！

5時限目の04（117ページ）でも解説しましたが、商品検索結果に表示される**サムネイル画像を差別化する**ことで、自分の出品商品への集客を増やすことができます。

今回紹介してきた内容をトップのサムネイル画像でアピールすることで、集客力を増すことができますので、差別化したらそれをサムネイル画像にも盛り込んでいきましょう。

### ●例「送料無料」

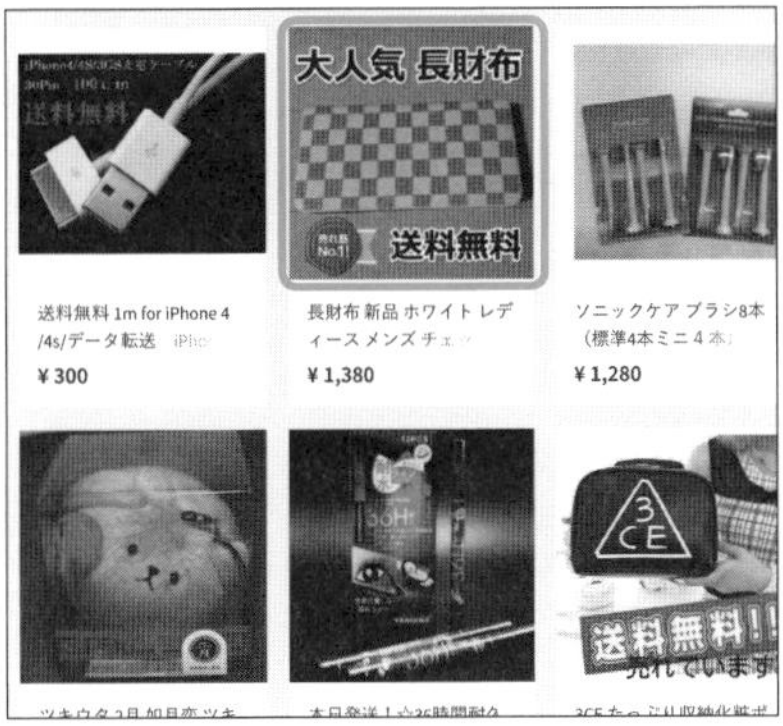


### ●例「在庫限定」

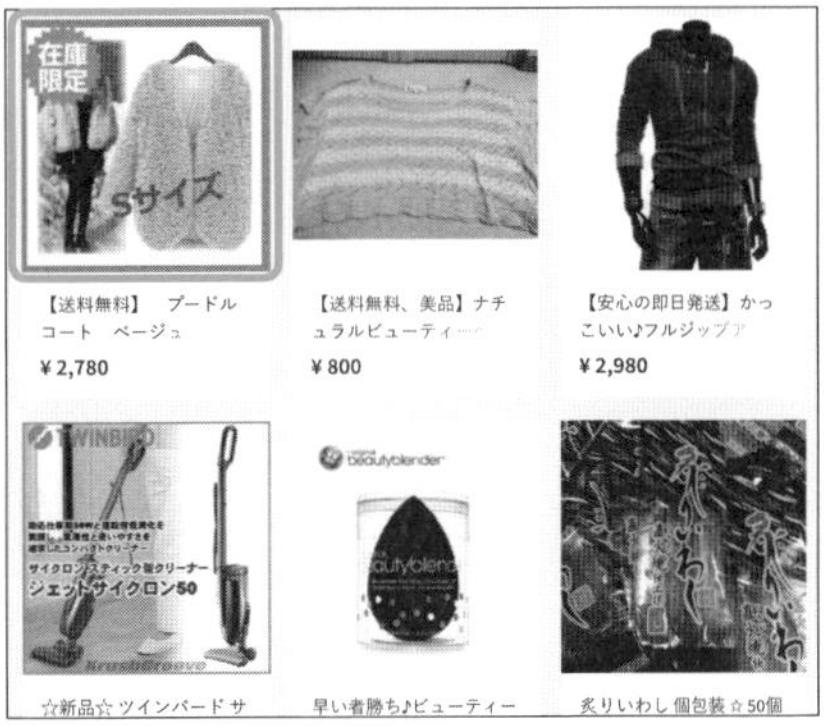


### ●例「即日発送」

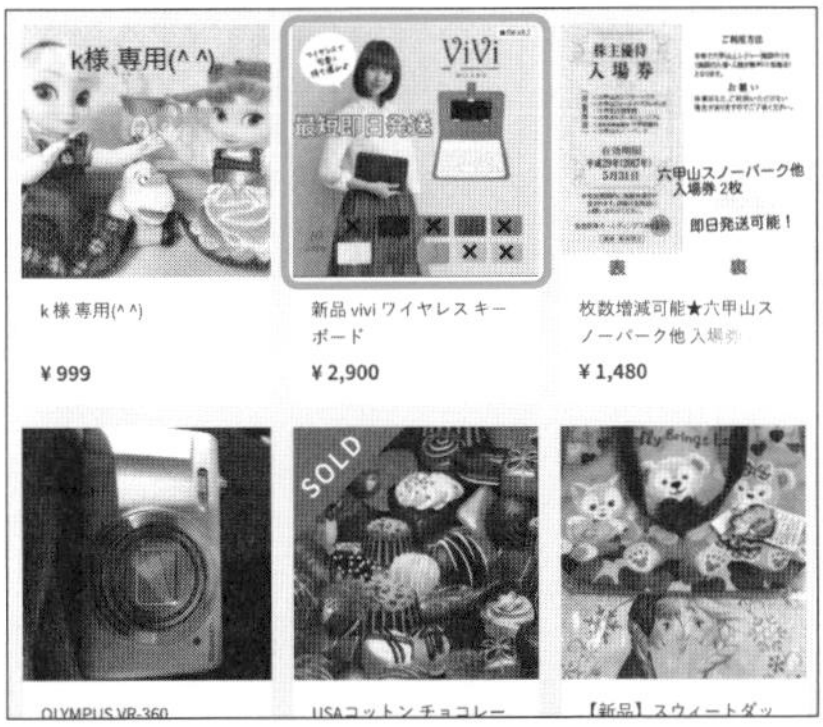


**競合との差別化をはかるポイント**

1. 特典やオマケをつける
2. セット販売でお得感を出す
3. 配送スピードをアピール
4. 補償を充実させる

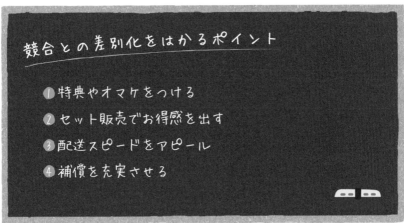

# 02 評価を意識する

商品の購入率をアップさせるための要素に「**出品者の評価**」があります。メルカリでは、商品の取引終了後に、必ず出品者と購入者がお互いの評価をします。評価は3種類で「**良い**」「**普通**」「**悪い**」です。出品者の評価が高ければ、購入希望者は信頼して購入できるでしょう。

ここでは評価について考えていきます。

## 1 評価によって売上が変わる？

次ページのAとBの出品者、あなたはどちらの人から商品を買いたいでしょうか。同じ商品が同じ条件で売られていたら、評価の高い出品者であるBさんから商品を購入したいですよね。

メルカリ出品者は、商品販売に慣れたプロばかりではありません。むしろ商品販売に不慣れな人たちの方が圧倒的に多いのです。そのこともあり、購入者はなるべく評価が高い人から商品を購入したいと考えます。評価の低い出品者からの購入は、トラブルを避けるためにも嫌がられます。

取引の際にできるだけ良い評価が増えるように対応をしていくのが、商品購入率をアップする上で重要なのです。

●出品者 A ―評価が低い

評価 -1 出品数 55
0
0
1
ご覧頂きありがとうございます！
メルカリでの出品は初めてですが
気持ちの良いお取引を心がけます(o^^o)
✦購入者様へのお願い✦
お取り置きは対応していませんので
お支払い可能な時にご購入ください。
★発送 トラブル防止のため
速達や日時指定のご要望にはお応えできません。
★商品画像 商品画像はご使用されているパソコンのモニタおよび
携帯電話のメーカー・機種・画面設定等により、
実際の商品の色と異なって見える場合がございます。
★コメントについて 勝手ながら仕事と育児の都合上

●出品者 B ―評価が高い

評価 73 出品数 191
73
0
0
初めまして☆丁寧にお取引いたします♡
おしゃれで可愛い商品を出品しています！
24h即購入大歓迎です♬
★お気軽にご質問・コメントくださいませ！
24hいつでもOKです☆
★メッセージの返信は、
24h以内を心がけています☆

## 2 評価を上げるための工夫

実際に評価を上げるためのポイントは、次のとおりです。

- **コメント返信は丁寧に対応**（144ページ）
- **発送連絡を忘れない**（151ページ）
- **サンクスカードを入れる**（155ページ）
- **評価が完了するまで気を抜かない**

具体的な内容は以降各節で解説しますので、ここではポイントを紹介していきます。

まず、「**評価を下げない**」ための工夫です。コメント欄での「**商品の質問への対応**」は、丁寧かつ誠実に行いましょう。ここでの対応が悪い場合、商品購入後の評価が悪くなってしまう恐れがあります。また、**発送連絡**は必ず行いましょう。商品を購入したのに、何の連絡もなく商品が届くような対応をしていると、悪い評価が付きやすくなります。

一方で、「**評価を良くする**」ための方法として、**サンクスカード**というものを同封し発送する方法があります。こうした心遣いがあると、出品者への評価を下げにくくなるのが人情です。

無事購入者の元へ商品が到着したからと言って、気を抜くのはＮＧです。**受取評価**が完了するまでは丁寧に対応をしましょう。商品到着後にも、商品への質問やクレームなどがある可能性があり、その対応次第で評価に大きく影響します。

ここでの対処をしっかりして、自分のメルカリアカウントを育てていきましょう。

**評価を上げるためのポイント**

1. コメント返信は丁寧に対応
2. 発送連絡を忘れない
3. サンクスカードを入れる
4. 評価が完了するまで気を抜かない

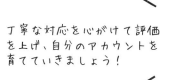

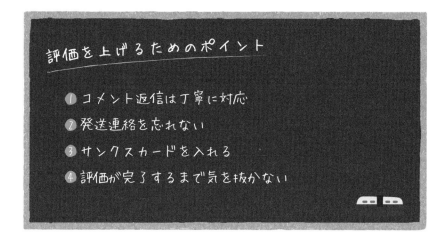

# 03 コメントへの対応

商品購入率を上げるために**コメントの返信方法**を考えていきましょう。コメントへの返信を丁寧に行うことで「商品購入率のアップ」「評価アップ」につながりますので、ポイントを押さえておきましょう。

**コメントで押さえておきたいポイント**
- **コメントは丁寧に対応する**
- **否定的な表現は避ける**

それでは実際に見ていきましょう。

## 例1 購入希望コメントへの対応

**購入者** **購入希望です。**

**出品者A** **即購入ＯＫですよー。**

**出品者B** **コメントありがとうございます。よろしければこのままご購入お願い致します。**

あなたなら出品者ＡとＢのどちらから商品を買いたいと思うでしょうか。筆者が購入者の立場であれば、出品者Ｂから買いたいと思います。丁寧な対応をしてくれる出品者の方が、安心して取引できそうです。また出品者Ｂの回答では、**購入者がその後何をすれば良いか**ということも記載されています。

メルカリでやりとりをしていると、「即購入ＯＫですよ」と出品者が回答しても、「このまま購入して良いですか？」というような返答があるときがあります。これは**専用出品にせずこのまま購入しても良いのか**と気遣いをする購入者によくあるケースです。

そうしたことを避けるためにも、相手が次にするべきことを明示して、「このまま購入してください」など具体的な回答をするように心がけましょう。そうすれば購入希望者も困らず無駄なやり取りを減らすことができます。

出品者Aの場合、「**即購入OK**」というメルカリ独自の言葉を使っています。メルカリ初心者には何を言っているかわからない恐れもあるため、こうした用語を使用するのは避けたほうが良いでしょう。

## 例2 値下げ要求を断る場合の対応

**購入者** **値下げできますか?**

**出品者A** **申し訳ございませんが、今のところ値下げは考えておりません。**

**出品者B** **コメントありがとうございます。申し訳ございません、既にギリギリの価格で提供させて頂いておりますので、こちらが限界価格となっております。こちらでご検討頂ければ幸いです。**

この場合はどうでしょうか。どちらも丁寧な対応ですが、出品者Aの場合、「**考えておりません**」と否定的かつ強い口調という印象を受けてしまいます。もちろん否定することは必要ですが、柔らかい表現にすることが重要です。

出品者Bの場合、値下げできない理由を説明することで、値下げを拒否しているものの「**値下**

**げしたいけどできない**」と柔らかい印象を受けます。同じ拒否の仕方でも、否定的な表現を避けることで相手への印象が大きく変わってきます。

## 例3 値下げ要求に応じる場合の対応

**購入者** **値下げ可能ですか？**

**回答例1** ―値下げ交渉に応じる場合―

**コメントありがとうございます。限界価格で出しておりますので難しいのですが、○○円はいかがでしょうか？　気持ち程度で申し訳ないのですが、ご検討下さいませ。**

### 安易な値下げには注意！

**安易な値下げにはリスク**があります。「今回だけ……」というつもりでも、同じ商品を購入しようとする人から、過去の販売価格を見て値引き後の価格を要求されてしまうことが常態化し、当初の価格での販売が難しくなることがあります。

仕方なく、最初から値引き後の価格で出品しても、さらに値引きを要求され、価格低下の悪循環に陥ってしまうことがしばしば起こります。安易な値引きは自分を苦しめるだけなので注意しましょう。

**回答例2** ―値下げするための条件を提示する場合―

**コメントありがとうございます。こちらの商品は単品でしたらこれ以上のお値下げは難しいですが、2つ買って頂けましたら、○○円お値引きすることも可能です。よろしければご検討くださいませ。**

## 複数購入やセット購入を促して値下げ要求に応える

単純に値引きをするのではなく、**複数購入**ならば値引きする、という提案をします。

複数商品の同時販売であれば、商品サイズや重量によって、送料はそのままで発送できるケースがあります。その場合は送料分の値引きが可能ですので、浮いた送料の範囲内で金額の値引きを検討しましょう。

無下に値引きを断るよりも建設的ですし、安易な値引きとは異なり、出品側にとっても購入側にとってもメリットがある提案と言えます。

値下げは自分が損するだけですが、複数販売やセット販売の提案はお互い得する提案です。

## 1 丁寧な対応はトラブルへの備えにもなる

このように、コメントで丁寧な対応や表現の仕方を意識することは大切です。買ってくれる相手への感謝の気持ちを言葉に示すことで購入率も上がりやすくなりますし、その後の高評価にもつながります。

何より、誠実な対応をする出品者には、商品に何かあった場合でも購入者は穏便な対応をしたいと思うものです。万が一のトラブルに備える意味でも、購入者のことを思いやり、丁寧な対応をすることがスムーズな取引を行う上で重要です。

### コメント対応のポイント

1. コメントは丁寧に対応する
2. 否定的な表現は避ける
3. 丁寧な対応はトラブルを未然に防ぐ効果もある

# 04 評価を下げないための取引連絡

商品が売れたからといって油断してはいけません。少なくとも受取評価が終了するまでは気を抜いてはいけません。ここでは、**取引連絡**のポイントを押さえて、評価を下げずに良い評価を獲得する方法を紹介していきます。

**ポイント**
- **お礼メールを送る**
- **発送通知メールを送る**

## 1 お礼メールは「注文承諾」を伝える効果もある

ＥＣショップを運営している人には当たり前のことですが、購入してもらった際に「**お礼メー**

**ル**」を送ることが大切です。

お礼メールの役割には、まず**商品注文を承諾したことを購入者へ通知する**意味があります。次に、発送日の目安などを伝えることで、購入者が取引に不安にならないようにする効果があります。

メルカリでは、プロではない一般人が商品の出品をしていることもあり、受注時の連絡がないと「商品が送られてこないのでは」と不安に感じる購入者も多数います。何の連絡もなく、いきなり商品が届いたことに憤りを覚える人もいますので、必ず受注時に連絡をしましょう。

**例 この度はご購入ありがとうございました。商品は明日発送を予定しております。発送次第、改めてご連絡を差し上げますので、今しばらくお待ちくださいませ。**

## 2 発送通知メールも送ろう

メルカリには「**発送通知**」ボタンがあり、それで発送通知を購入者に知らせることができます。しかし、それだけでは無機質すぎるため、発送通知の後に別途メールで連絡した方がより丁寧です。

**例** **お待たせしております。本日メルカリ便で発送を手配しました。到着は明日を予定しております。到着まで今しばらくお待ちくださいませ。**

また、追跡番号がある配送方法で送った場合は、それも伝えましょう。

**例** **お待たせしております。本日ゆうパックで発送を手配しました。到着は明日を予定しております。到着まで今しばらくお待ち下さいませ。追跡番号：XXXX-XXXX-XXXX**

連絡がないと、相手は不安に感じるものです。状況をその都度的確に報告することで、購入者の不安を払拭できます。連絡を一人一人に送るのはもちろん手間ですが、あらかじめ定型文を作成するなどの工夫で、作業効率を上げることができます。丁寧な通知によって評価を育てることは、必ず今後の売上に影響します。

### 取引連絡のポイント

1. おれいメールは「注文承諾」を伝える効果もある
2. 発送通知メールも送ろう

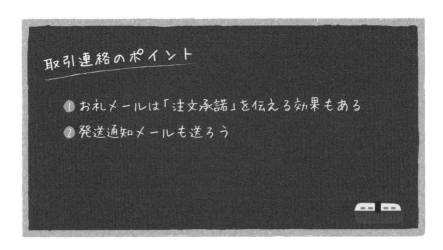

# 05 商品の梱包と発送

商品の発送にも気は抜けません。商品の**梱包状態**と**発送**は、評価にてきめんに影響します。自分が購入者の立場だったとして、せっかく購入した商品がボロボロの状態で届いたらどう感じるでしょうか。余計なトラブルを回避するためにも、また評価を下げないためにも、しっかりと梱包作業はしていきましょう。

**発送時のポイント**
- **緩衝材（プチプチ）を使って梱包する**
- **サンクスカードを入れる**

## 1 緩衝材とは？

**緩衝材**は、商品を包むことで外部からの衝撃を弱め、運送中の破損などを防止するものです。「プチプチ」などと呼ばれている**エアキャップ**や**エアパッキン**の他、紙製のペーパークッションのようなものもあります。

ＤＶＤサイズであれば1枚20円からの価格で購入できます。多少経費は増えてしまいますが、配送時のトラブルや評価への影響を考えれば、使って損はありません。

## 2 緩衝材やダンボールはネットで安いものを探そう

**梱包費用**は意外とかかります。特に、販売価格が低い商品の場合、梱包資材にかかる経費は

●格安で梱包資材を調達できる「アースダンボール」
(https://www.bestcarton.com/)

利益を圧迫する要因になります。

そのため、梱包資材はできるだけ安いものをインターネットで探すことをお勧めしています。特に、ダンボールなどはホームセンターなどで買うと驚くほど高価なので、ネットで大量にまとめ買いすることでコストを下げましょう。

## 3 「サンクスカード」で高評価を狙おう！

「**サンクスカード**」とはお礼状のことです。

**「この度は購入ありがとうございました！またご縁があればよろしくお願いします」**

このような**お礼のひとこと**を、メモ用紙などに**手書き**で書くことによって、購入者に好感を持ってもらえることがあります。手書きがベス

●サンクスカードの例

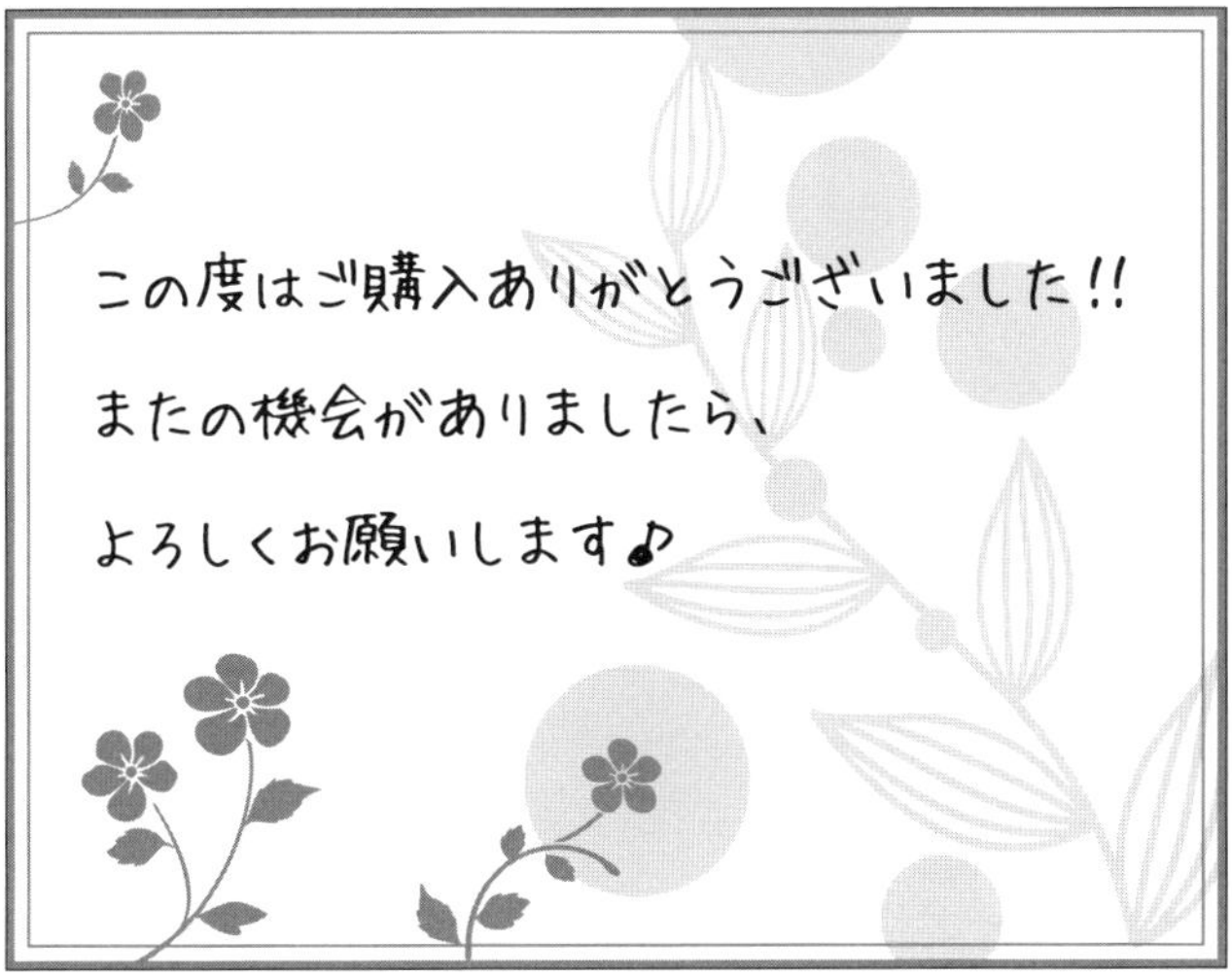
この度はご購入ありがとうございました!!
またの機会がありましたら、
よろしくお願いします♪

トですが、もしプリントしたもので代用するのであれば、柔らかい印象を与えられるような紙や書体を選びましょう。

## 「さらなる高評価を得る」ためのプラスアルファ要素

ただし、転売としてメルカリを活用する場合、ある程度の数をこなさないといけないこともあり、手書きのサンクスカードの作成は少々面倒です。これまで解説してきたコメント対応や取引連絡、梱包などをしっかりしておけば、サンクスカードがなくてもそう影響はありません。より高い評価を得るためのプラスアルファとして、サンクスカードを同封するようにしてはいかがでしょうか。

商品発送のポイント

1. 緩衝材（プチプチ）を使って梱包して、配送中の破損を防ごう
2. 余裕が出てきたら、サンクスカードで更なる高評価を狙おう！

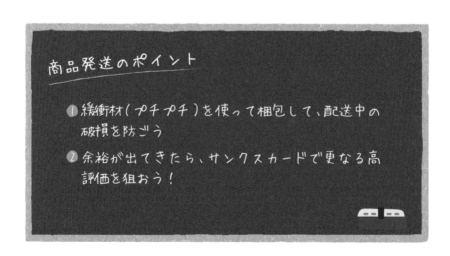

7時限目

# 海外仕入れで利益を伸ばそう

さらに稼ぎたいなら海外仕入れを検討しよう！大手海外サイトからの仕入れ方法を解説します。

# 01 中国仕入れで利益を増やそう

ここまで、日本国内で仕入れを行う方法を紹介してきました。ここでは、中国のネット通販を利用して仕入れを行う方法を解説します。

国内で販売されている商品の多くは、中国など海外から輸入され、輸入者の利益が加算されて販売されています。そこで、中国サイトから直接仕入れることを考えていきましょう。

## 1 中国サイトって安いの？

**中国は安い**とよく聞きますが、例として**Amazon**で販売されていたスマホリングスタンド（スマホの背面などに装着して使用する落下防止リング）を例に見てみましょう。

次ページの検索画面左上の商品は、メルカリでは３００円で販売されています。この商品を**Amazon**で仕入れようとした場合、１７５円で仕入れられそうです。

しかし、中国サイトである**AliExpress**では、１個あたり０・５ドル（約58円）ほどで仕入れできそうです。**Amazon**よりも117円程度もお得ということになります。

このように中国サイトを上手く使うことができれば、より安い価格で仕入れることができるため、利益を増やすことができますので、ある程度販売に慣れてきたら海外からの仕入れも検討していきましょう。

**●メルカリでの販売価格**

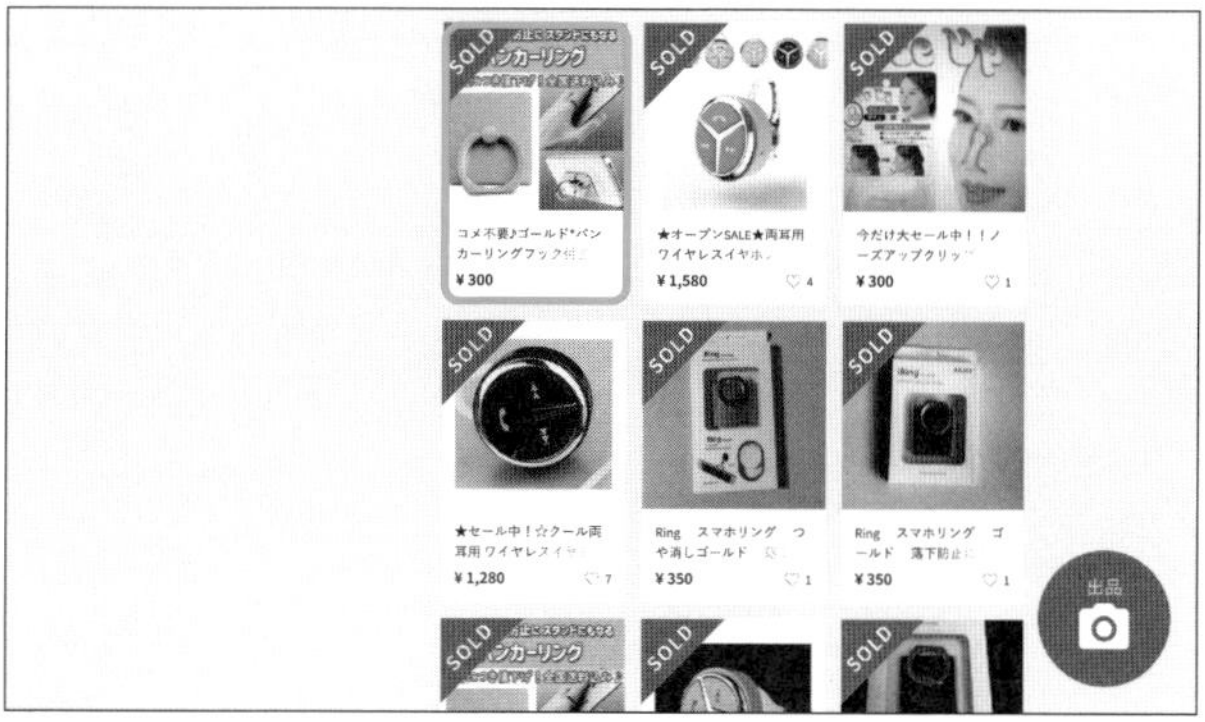


**●Amazonでの仕入れ価格（175円から）**

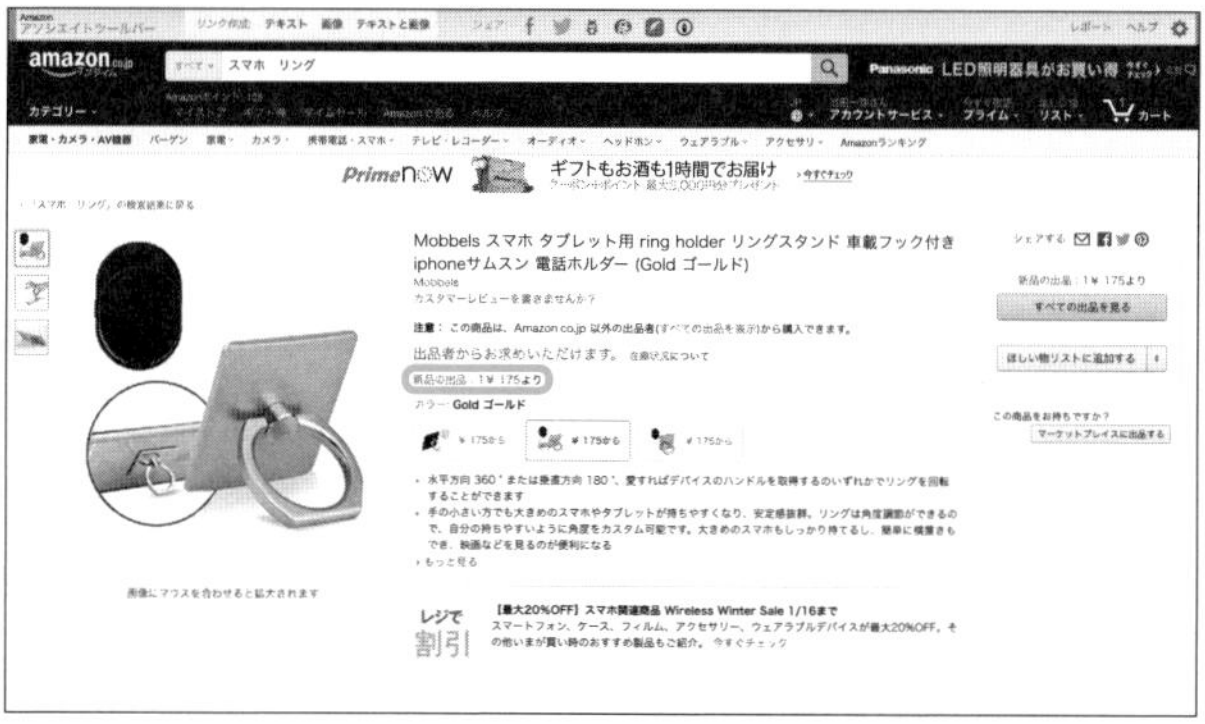


**●中国の通販サイト「AliExpress」での価格（約58円）**

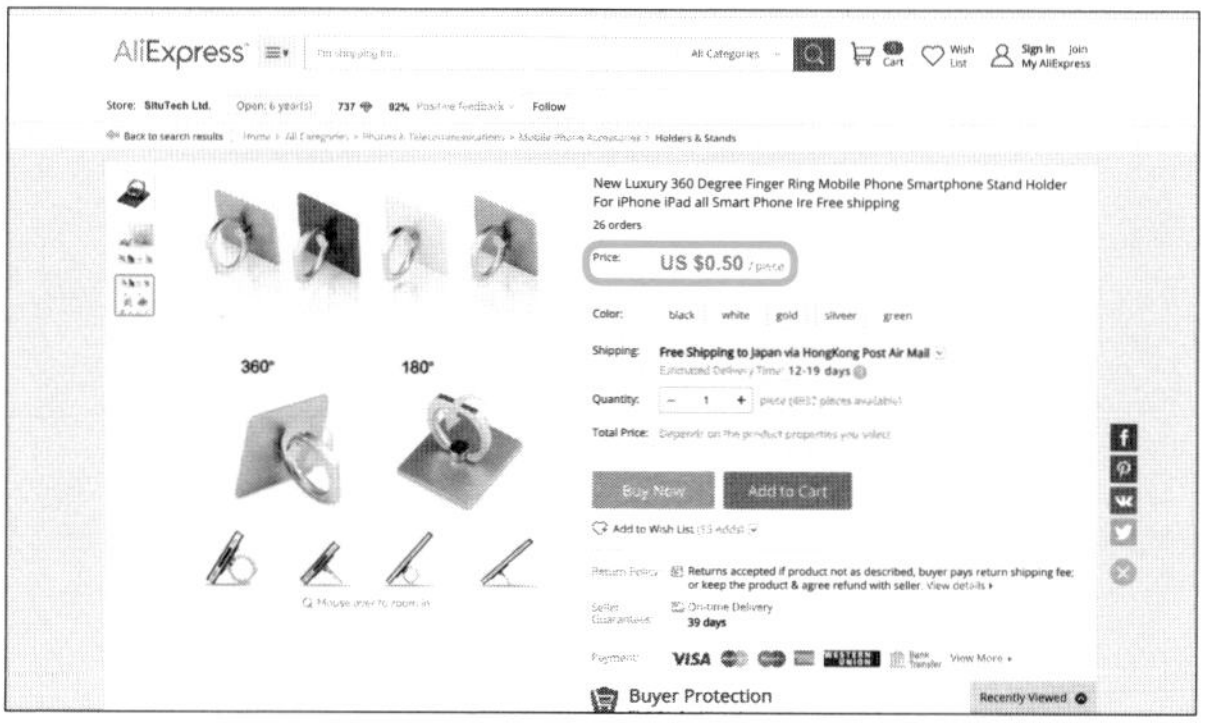

## 2 おすすめの海外ＥＣサイト

ここでは、初心者でも比較的使いやすいサイトをご紹介します。

### AliExpress

**AliExpress（https://ja.aliexpress.com/）**は、中国大手の**アリババグループ**のＥＣサイトです。英語がわからなくても、普通のＥＣサイト感覚で利用できます。

消費者保護もしっかりしており、クレジットカードで支払っても商品が到着しなければ返金してくれるなど、安心です。検索画面で送料無料の商品だけを抽出できることもあり、日本への送料を気にせずに取引できます。

●AliExpress（https://ja.aliexpress.com/）

## GearBest

**GearBest（https://www.gearbest.com/）**は中国で流通する製品を主に扱う大手ECサイトです。こちらも一般的なネットショップ感覚で取引ができます。大手サイトですので、比較的安心して取引ができると思います。

**GearBest**の特徴は「**配送が早い**」ということです。商品や購入タイミングによっては、**DHL**という国際配送サービスを送料無料で利用できます。その場合、注文から3日程度で手元に商品が届きます。配送スピードが早ければ、在庫を多く抱えず済むため、在庫リスクを抑えられます。

ただし、クレジットカードや**PayPal**（電子決済サービス）での支払いをすると、二度目の注文の頃に本人確認のやりとりが必要になります。その際のやり取りが英語であるため、英語に不慣れな方には少々難しいかもしれません。しかし、本人確

●GearBest（https://www.gearbest.com/）

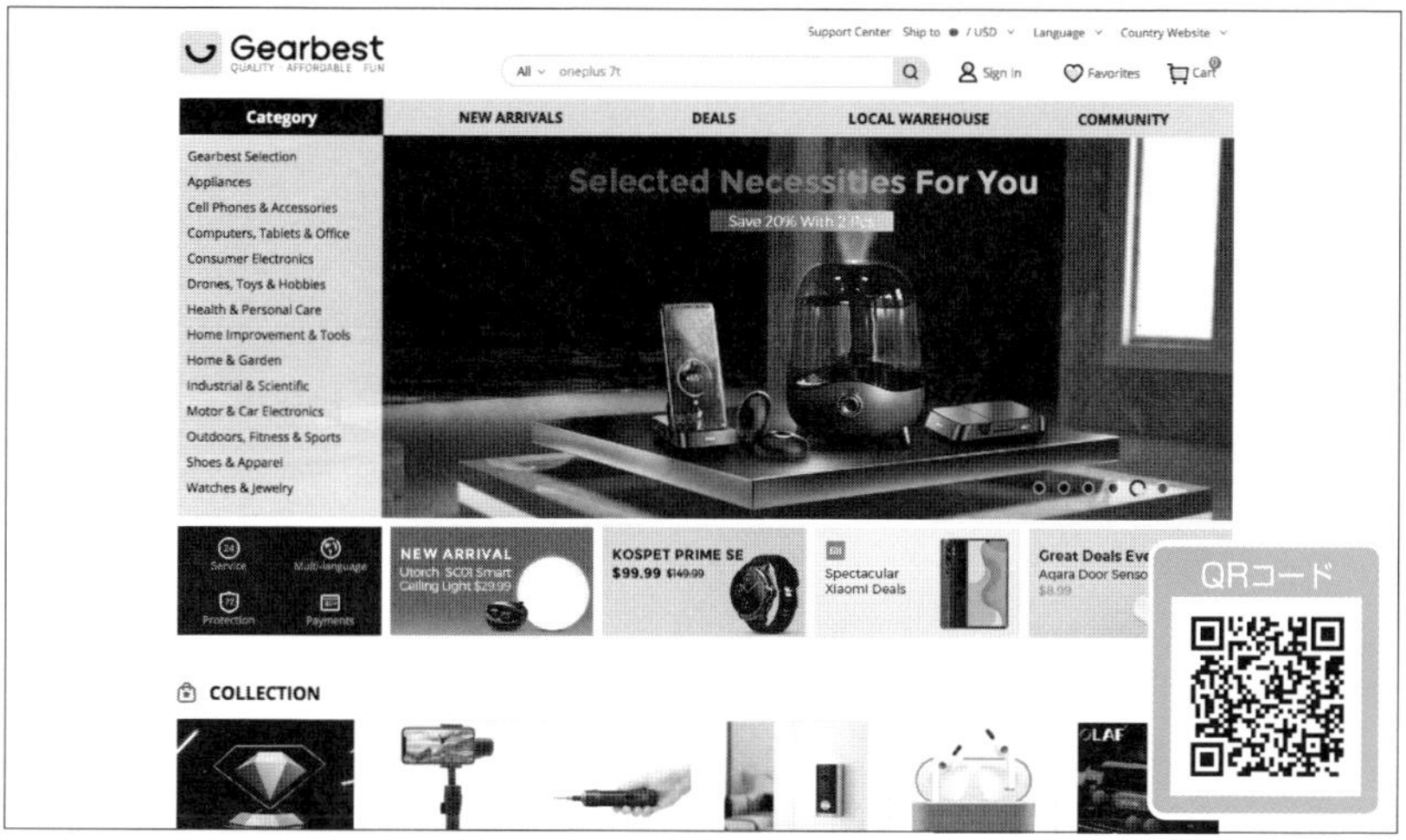

認さえ完了すれば、その後は一般的な注文フローだけで大丈夫ですので使いやすいです。
以上が、筆者がお勧めする海外ECサイトです。どちらも大手サイトですので、比較的安心して取引をすることができます。

## 3 中国サイトから仕入れる際の注意点

海外のサイトから仕入れを行って輸入する場合は、いくつか注意するべきことがあります。

**中国サイト仕入れ時の注意点**
- **関税、消費税、通関手数料がかかる**
- **為替レートに注意**
- **まずは少量の仕入れでテスト**

### 購入代金の他に関税・消費税がかかる

海外輸入をする場合、個人輸入であっても**関税**や**消費税**が発生します。個人輸入でも事業目的で輸入する場合には、関税と消費税の支払いが必要です。また、それに加えて**通関の手数料**も発生します。ここでは詳細な計算は省略しますが、概算金額は次のような計算になります。

- 関税＝購入代金×通貨レート×関税率
- 消費税＝購入代金×通貨レート×消費税率
- 建替納税手数料＝会社によって異なる（700円や、税額の2％など）

正確な計算をするためには、購入代金ではなく申告価格で計算したり、消費税課税標準額を算出したり、端数を切り捨てるなどする必要がありますが、概算金額は前述の式で算出できるので、仕入値を計算する上ではこれらの費用も必ず想定しておきましょう。

なお、商品による関税率については、税関のサイト（https://www.customs.go.jp/）を事前に確認してください。

●税関のサイト（https://www.customs.go.jp/）

参考：関税、消費税等の税額計算方法
https://www.customs.go.jp/tetsuzuki/c-answer/imtsukan/1111_jr.htm

## 為替レートに注意

海外輸入の場合、**為替レート**にも注意が必要です。為替レートは日々変動するため、常に仕入価格が変わる恐れがあります。以前輸入したときの価格で、次回も購入できるとは限りません。**円高**になってより安く仕入れることもありますが、逆に**円安**に振れた場合は仕入れ価格が高くなりますので、注意が必要です。

**クレジットカード**や**PayPal決済**の場合、決済手数料が上乗せされた為替レートで計算されるため、購入時点での為替レートとは異なるので注意してください。現在の為替レートに**＋5％程度加算したレート**で仕入価格を考えたほうが余裕をもった仕入れができるでしょう。

**例 為替レートの変動や決済手数料を加味した仕入れ**
**現在のドル円レート　116・5円**
**決済予想の為替レート　116・5円×105％＝約122・33円**

## 4 少数の仕入れでテスト

商品を仕入れる際は、まずは2個程度の少量から仕入れるようにしましょう。今回紹介した

**AliExpress**も**GearBest**も**少量注文**ができます。少量で無事に仕入れられることを確認し、商品の状態や現物の確認、そしてテスト出品をしてみましょう。

海外商品は、**箱潰れ**など日本では考えられないような状態で届くことが当たり前です。さらに、自分が想像していた商品が届くかも重要です。商品の仕様変更などで、稀に写真と違う商品が届くこともあります。今回紹介したECサイトは、買い手の保護もあり安心ではありますが、海外へ返品する場合、配送料などはこちらが負担しなければならないという条件があることもあります。それでは実質的に泣き寝入りしなければならないことにもなりかねません。

そこで、まずは少量でテスト注文することを強く推奨します。実際に商品を出品して売れるかどうかのテストをする必要もありますので、最初は焦らずに少量注文から始めていきましょう。

## 中国仕入れのポイント

1. 国内販売している人も中国から仕入れている
2. 中国の大手ネットショップを利用しよう
3. 関税や通関手数料に注意
4. 購入時の為替レートに注意
5. まずは少量の仕入れでテスト

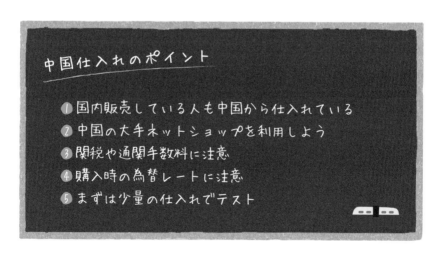

# 02 輸入しては駄目なもの・注意が必要なもの

商品を仕入れる際に、輸入しては駄目なものの例を紹介します。海外輸入では、基本的に**ノー**
**ブランド品**を仕入れるのが基本です。

## 1 輸入に注意が必要な物

### ブランド品

海外で販売されている**ブランド品**、たとえばシャネルなどの高級ブランドに限らず、パナソニックなどといった特定メーカー名の商品として販売されているものを販売する場合は、注意が必要です。正規品ではない危険性が高いためです。

正規品でない偽物を国内で販売した場合、**詐欺罪**や**商標権侵害**にあたることがありますので、絶対に仕入れないようにしましょう。

## キャラクターグッズ

ブランド品同様、ディズニーやドラえもんなどといった**キャラクターグッズ商品**も、偽物を仕入れてしまう危険性があります。仕入れは避けた方が無難です。

## 食器・調理器具

食品に触れる「器具」には**食品衛生法**で規格基準が定められています。この基準に適合しないものは輸入できません。諸手続き等が非常に面倒であるため、食品・調理器具に該当しそうなものは輸入しないのが無難です。

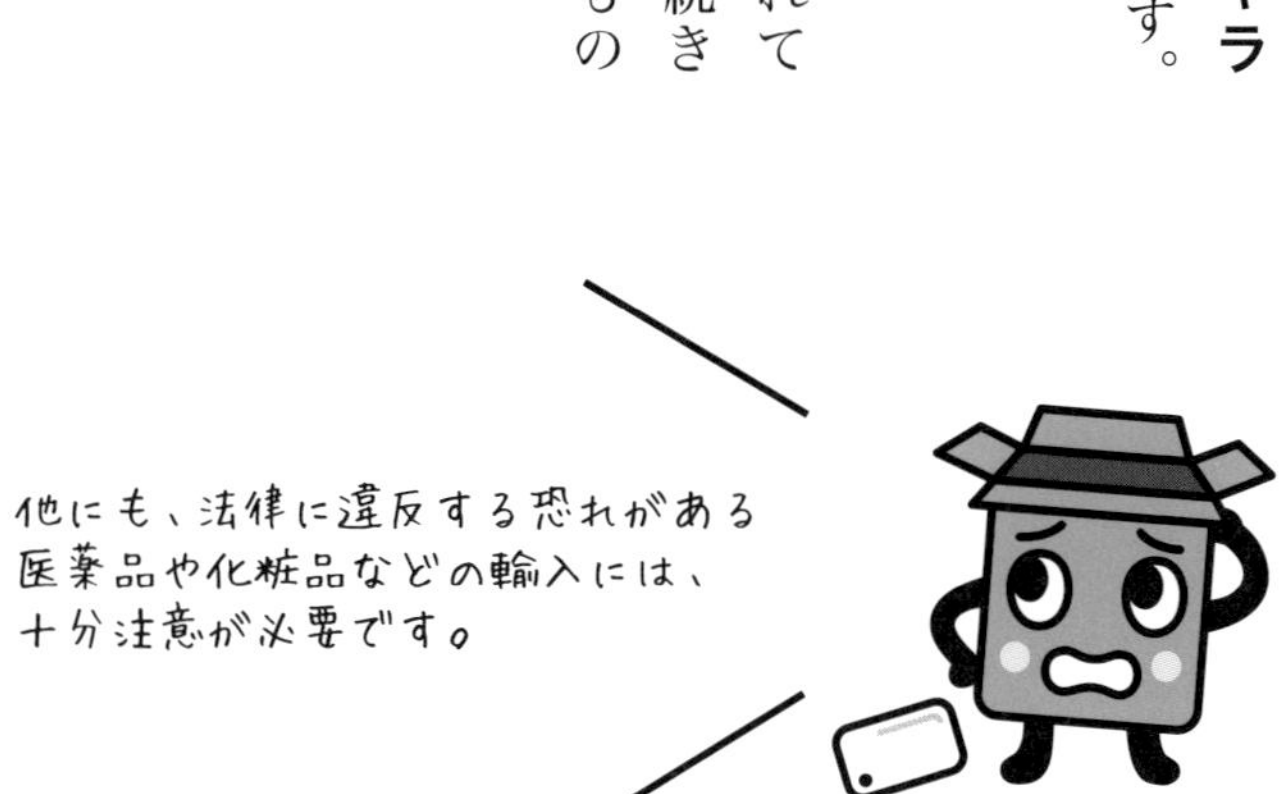
他にも、法律に違反する恐れがある
医薬品や化粧品などの輸入には、
十分注意が必要です。

# 2 仕入れるのはノーブランド品にしよう

商品を仕入れる際は、ブランドや商標、著作権等が関わらないノーブランド品を仕入れるようにするのが基本です。

ノーブランド品の場合でも、念のために仕入れ前に同様の商品が販売されているか調査しておきましょう。ノーブランド品と謳われていても、著名な商品の模倣品で商標権や意匠権（デザインや外観に関する権利）などを侵害しているケースもあるので注意が必要です。

商標権や意匠権の検索は、「**特許情報プラットフォーム**」（**https://www.j-platpat.inpit.go.jp/web/all/top/BTmTopPage**）を利用してみましょう。このサイトで、キーワードや会社名で検索することで商標権や意匠権を確認できます。

●特許情報プラットフォーム
（https://www.j-platpat.inpit.go.jp/web/all/top/BTmTopPage）

その他、海外輸入をする場合には、関税や各種日本の法律が関係するケースがありますので、仕入れる前に一度法的に販売が問題ないかを調査する習慣を身につけましょう。

ノーブランド品を中心に輸入してリスクをできるだけ避け、安全な取引をしよう！

### 商品輸入の際に注意するポイント

1. ブランド品やキャラクターグッズなど、偽物を仕入れてしまう恐れがあるものは避ける
2. 食器や調理器具は食品衛生法に抵触する恐れがあるので注意
3. 仕入れるのはノーブランド品にしよう

# Column 4 無線を使用している製品の輸入には注意が必要

Bluetooth や Wi-Fi などの無線を使用している製品の輸入販売には注意が必要です。あまり知られていないことですが、電波は電波法でその使用が定められています。

Bluetooth や無線LANなどの電波を発する製品を日本国内で使用するためには、製品に技適マーク（技術基準適合証明等のマーク）が付いていなければなりません。技適マークのない製品を使用した場合、電波法違反となり、刑事罰を受ける恐れがあります。海外から直接輸入した製品のほとんどは、技適マークの認証を受けていません。そのため、購入者が法令違反になる恐れがあります。

なお、従来では電波法では販売者の責任は問えませんでしたが、2016年の電波法改正により、販売業者に対しても技適マークの無い無線機器の販売をしないように努める努力義務規定が盛り込まれました。このような商品を販売する場合は、使用は自己責任ということを促すか、最初から販売を避ける方が無難です。

●総務省 電波利用ホームページ（https://www.tele.soumu.go.jp/j/adm/monitoring/summary/qa/giteki_mark/）

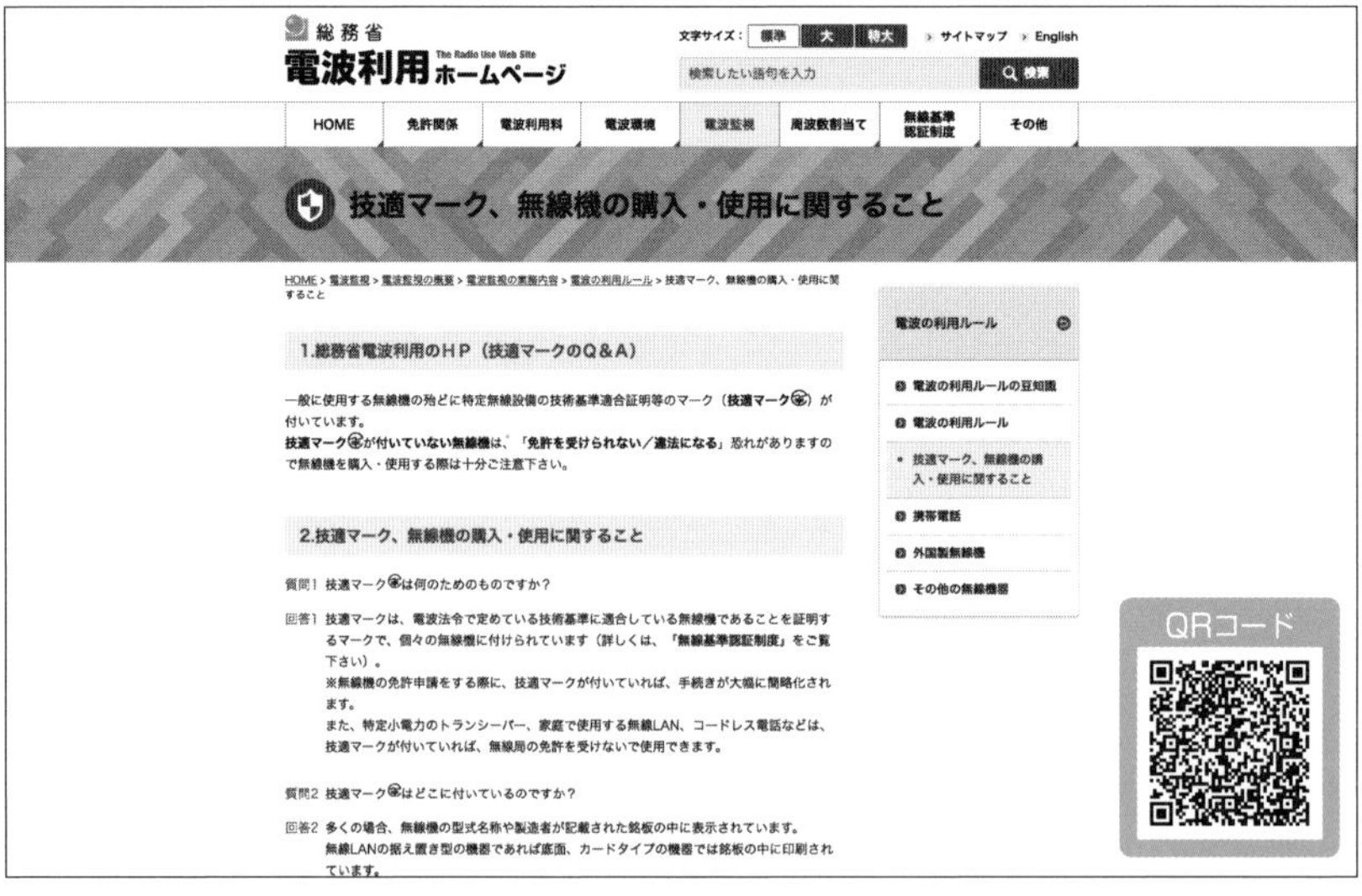
総務省
電波利用 ホームページ
The Radio Use Web Site
文字サイズ： 標準 大 特大
サイトマップ
English
検索したい語句を入力
HOME
免許関係
電波利用料
電波環境
電波監視
周波数割当て
無線基準認証制度
その他
技適マーク、無線機の購入・使用に関すること
1.総務省電波利用のＨＰ（技適マークのＱ＆Ａ）
一般に使用する無線機の殆どに特定無線設備の技術基準適合証明等のマーク（技適マーク）が付いています。
技適マークが付いていない無線機は、「免許を受けられない／違法になる」恐れがありますので無線機を購入・使用する際は十分ご注意下さい。
2.技適マーク、無線機の購入・使用に関すること
質問1 技適マークは何のためのものですか？
回答1 技適マークは、電波法令で定めている技術基準に適合している無線機であることを証明するマークで、個々の無線機に付けられています（詳しくは、「無線基準認証制度」をご覧下さい）。
※無線機の免許申請をする際に、技適マークが付いていれば、手続きが大幅に簡略化されます。
また、特定小電力のトランシーバー、家庭で使用する無線LAN、コードレス電話などは、技適マークが付いていれば、無線局の免許を受けないで使用できます。
質問2 技適マークはどこに付いているのですか？
回答2 多くの場合、無線機の型式名称や製造者が記載された銘板の中に表示されています。
無線LANの据え置き型の機器であれば底面、カードタイプの機器では銘板の中に印刷されています。
電波の利用ルール
電波の利用ルールの豆知識
電波の利用ルール
技適マーク、無線機の購入・使用に関すること
携帯電話
外国製無線機
その他の無線機器
QRコード

# 03 AliExpressでの商品購入方法

実際にAliExpressで商品を購入してみましょう。ここではその手順を紹介します。

## 1 アカウント登録

**AliExpress**で商品を購入するためには、アカウントの登録が必要です。**AliExpress**のサイト（**https://ja.aliexpress.com/**）にアクセスします。トップページの「**AliExpress**へようこそ」の「**参加する**」をクリックするか、右上の「アカウント」にマウスカーソルを合わせると表示されるメニューから、「**加入**」をクリックします。

**メールアドレス**と**パスワード**を入力する画面が表示されるので、入力していきます。なお、**Facebook**や**Google**、**twitter**や**instagram**のアカウントを使っての登録も可能です。「**マイアカウントを作成する**」をクリックすると、アカウント登録できます。

**STEP 1** **AliExpress トップページから新規アカウントの登録を行う**

「AliExpress へようこそ」の「参加する」をクリックします。画面右上「アカウント」にマウスカーソルを合わせると表示されるメニューからも登録できます。

**STEP 2** **アカウント情報の入力**

メールアドレス、パスワードを入力し「マイアカウントを作成する」をクリックします。

## 2 日本への配送設定

商品を探す前に、配送先の設定をしておきましょう。

画面右上部の言語・通貨設定を「**Japan**」「**日本語**」「**JPY(Japanese Yen)**」に設定します。これにより、商品画面を表示した際に日本への配送料が表示されるようになります。

これにより商品価格が日本円表示になりますが、実際の購入価格とは異なりますので、参考程度にしてください。実際の購入価格は、決済したクレジットカード会社の為替レートによって決まるためです。

**●配送地域の設定**

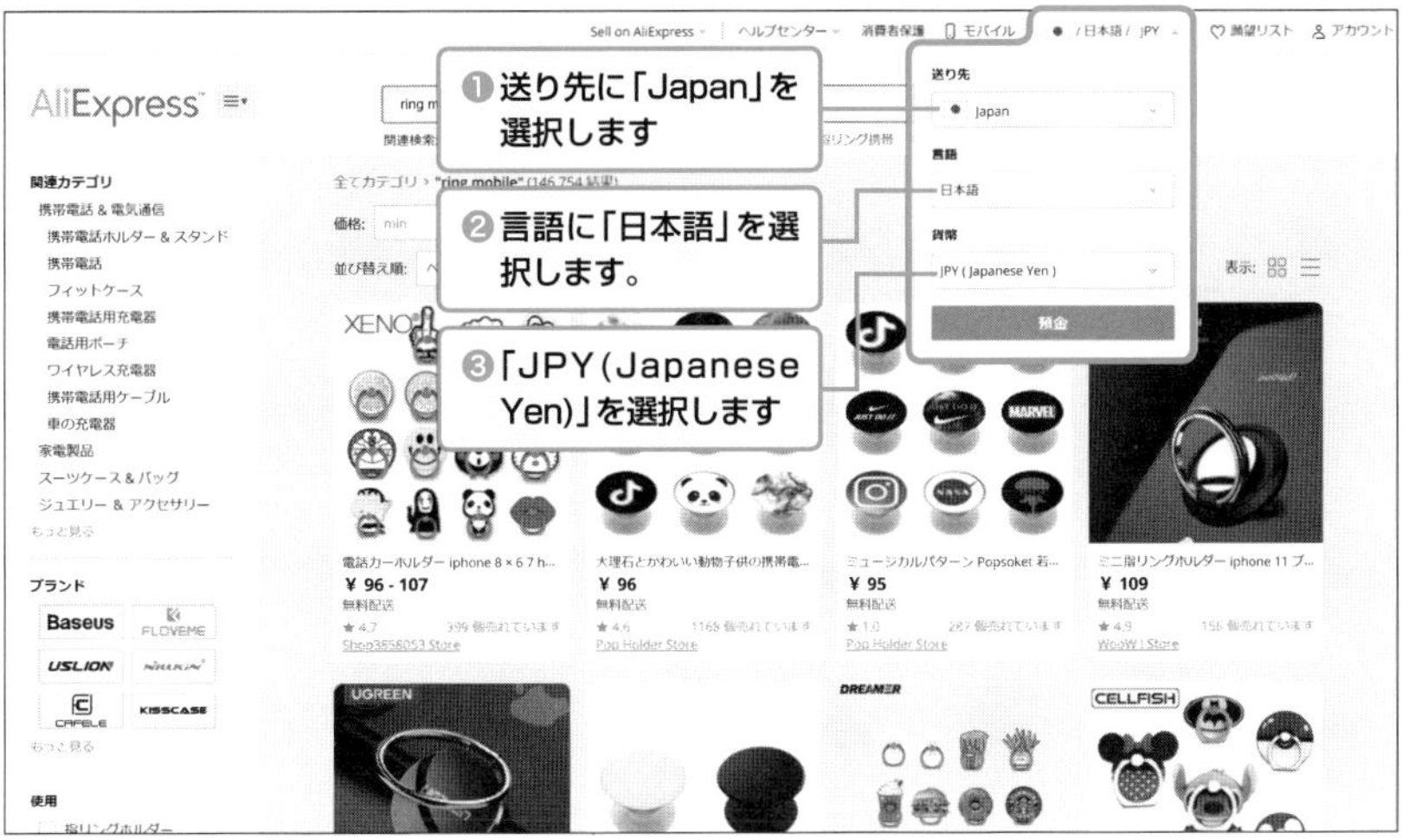
❶送り先に「Japan」を選択します
❷言語に「日本語」を選択します。
❸「JPY(Japanese Yen)」を選択します
AliExpress
送り先
Japan
言語
日本語
貨幣
JPY ( Japanese Yen )
預金

## 3 配送住所の登録

配送先住所の登録をしていきます。この作業をしないと注文を進めることができませんので、注文する場合はこの作業を必ずしてください。

**● 住所の例**
**〒102−0072**
**東京都千代田区飯田橋4−9−5 スギタビル4F**
**090-XXXX-XXXX**

なお、日本語の住所表記を英語表記に変換してくれるサイトもあります。それについては190ページのコラムを参照してください。

**STEP 1 My Shipping Address をクリック**

トップページ画面右上の「カウント」をクリックし、左側メニューの「My Shipping Address」をクリックします。

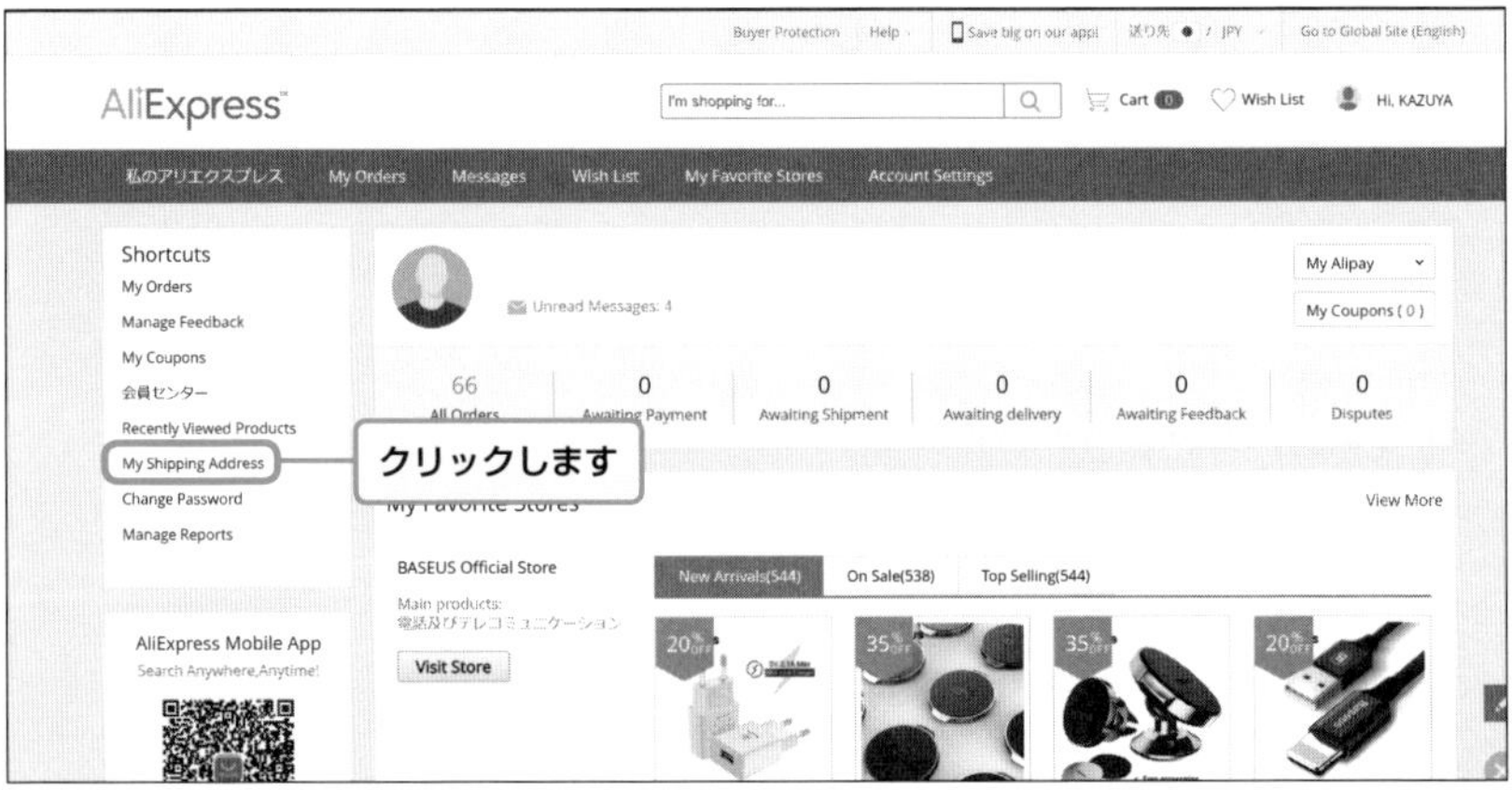

## STEP 2 My Shipping Addressの設定

表示されたページに必要事項を入力していきます。住所の各項目名は日本語で表示されていますが、入力はページ下の例のように半角ローマ字で入力してください。

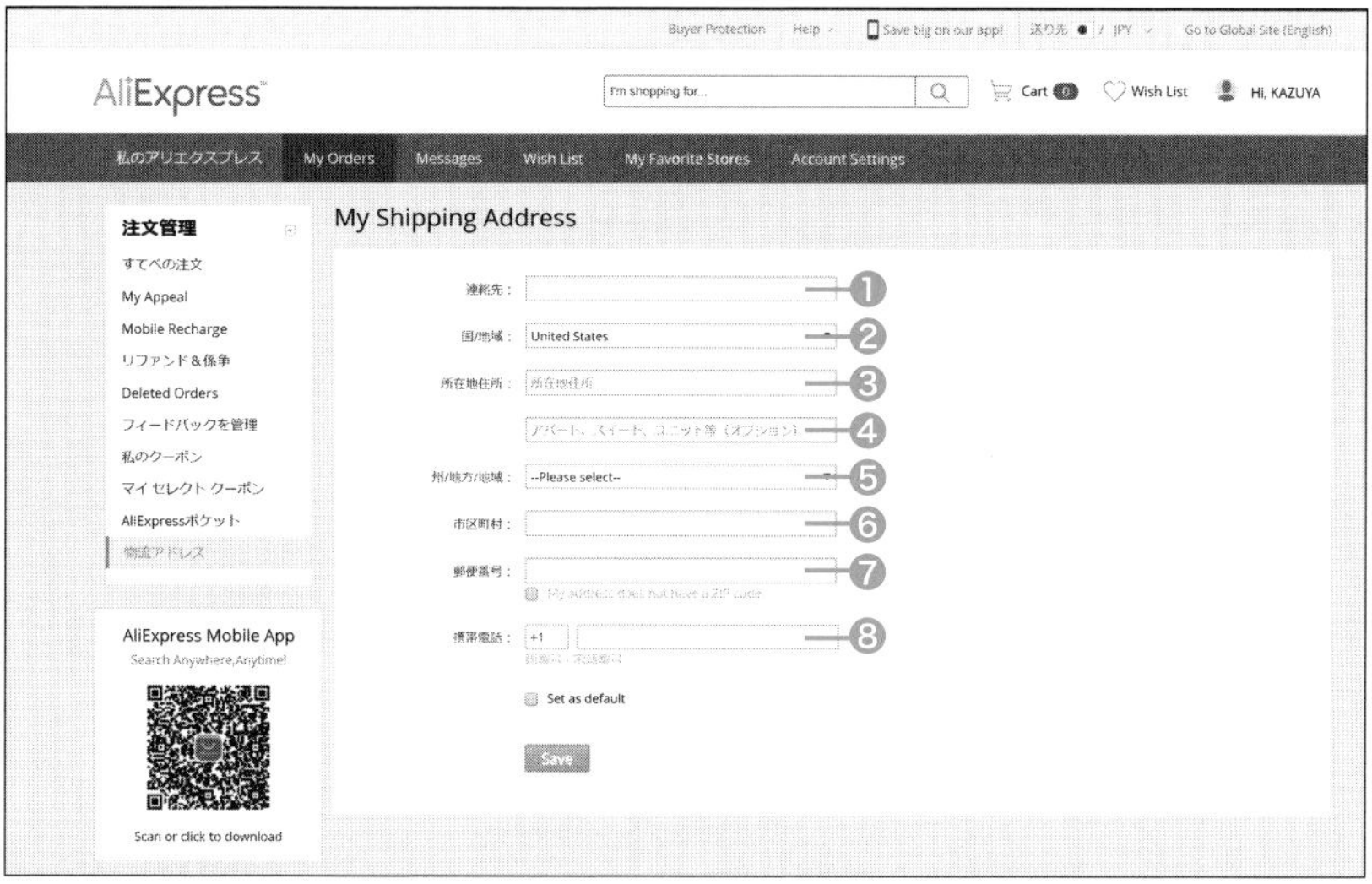


### ●AliExpressの住所ローマ字入力例

❶**連絡先：**KAZUYA IKEDA
❷**国 / 地域：**日本
❸**所在地住所：**4-9-5, Iidabashi,
❹**アパート、スイート、ユニット等（オプション）：**Sugita Bldg.4F
❺**州 / 地方 / 地域：**Tokyo
❻**市区町村：**Chiyoda-ku,
❼**郵便番号：**102-0072
❽**携帯電話：**+81 90XXXXXXXX

電話番号は、左側の小さなフォームに国番号「+81」を入力し、右側のフォームには電話番号の最初の「0」を取った番号（090-XXXX-XXXXであれば「90XXXXXXXX」。固定電話番号も同じ）を入力します。

# 4 商品の検索方法

画面上部の検索フォームに検索キーワードを入力します。日本語でも検索できますが、最安値の商品をチェックするためには、日本語だけでなく英語でも検索し、検索結果に漏れが無いようにしましょう。

例えば１５８ページで紹介したスマホリングスタンドは、「**スマホリング**」で検索してもあまり商品がヒットしませんが、「**ring mobile**」で検索すると大量の商品がヒットします。このように、検索するキーワードも工夫してみましょう。

●検索フォームで商品を検索

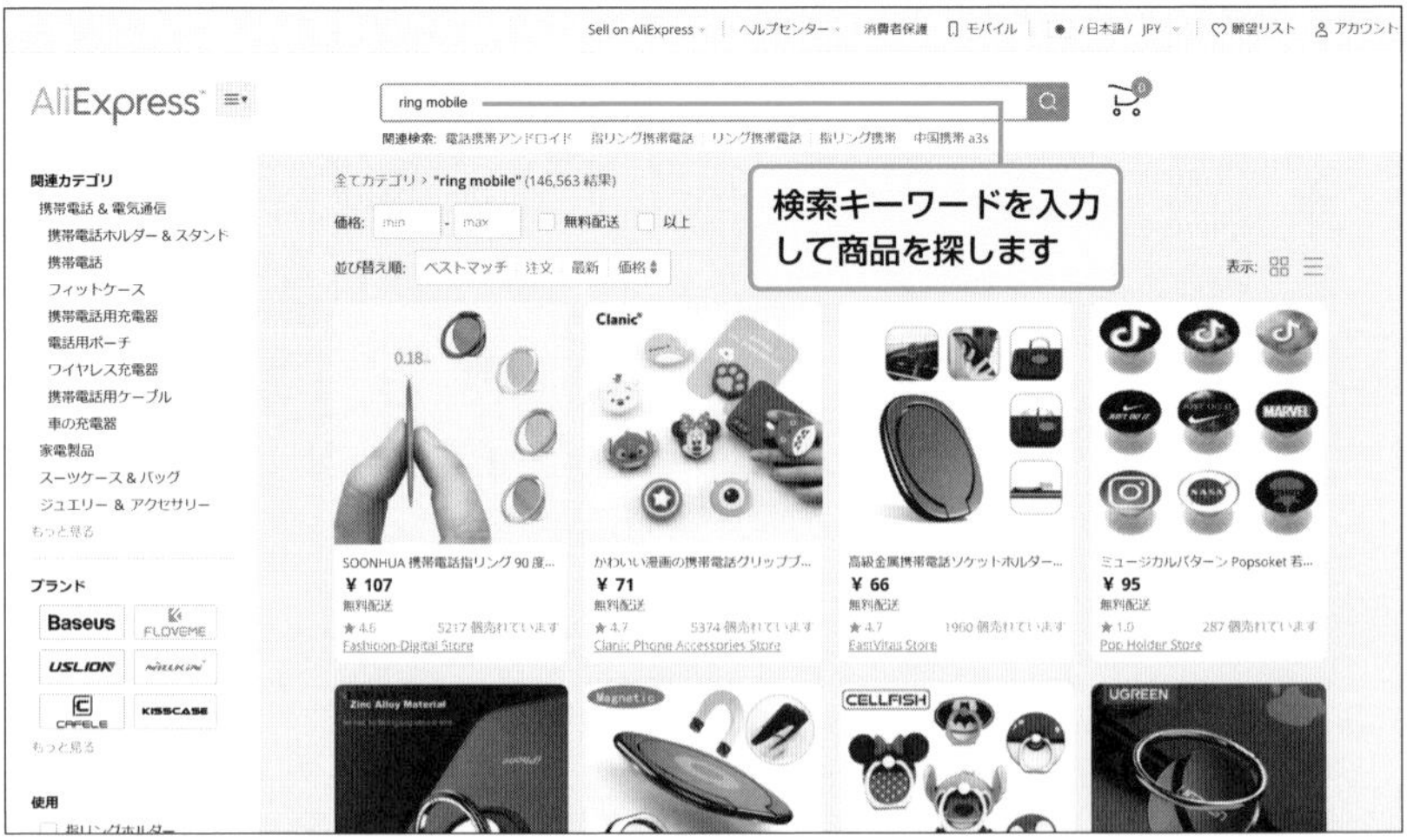

## 検索結果を絞り込む

検索結果を絞り込むために、**フィルタリング**機能を活用しましょう。

絞り込みには、検索結果一覧の上部に表示されるフォームやチェックボックスを使います。「**価格**」欄では最低金額と最高金額を設定することで、価格帯の設定が行えます。「**無料配送**」をチェックすると、配送料無料の商品のみに絞り込めます。

また、「**並び替え順**」のプルダウンメニューを表示すると、「**ベストマッチ**」（**AliExpress**が最適と判断する順番）、「**注文**」（注文の多い順）、「**最新**」、「**価格**」などでソートできます。

●**検索フィルター**

## 5 商品の合計価格の確認

気に入った商品があれば、購入価格を再度チェックしていきます。商品詳細ページで行います。

商品によっては、画面の右側に商品の種類が複数表示される場合があります。カラーやデザインが違うことがありますので、この右側の種類の中から、自分が購入する商品をチェックし、合計価格を必ず確認しましょう。

無料配送の商品でも、商品数を増やすことで配送料が発生することがあります。例えば、下の写真の商品の場合、４個購入までは無料配送です（次ページ上）。しかし、５個にすると４３６円の配送料がかかることがわかります（次ページ下）。

このように数量によって配送料が発生するケースがあるので、大量注文をする際は注意が必要です。

●商品詳細ページ

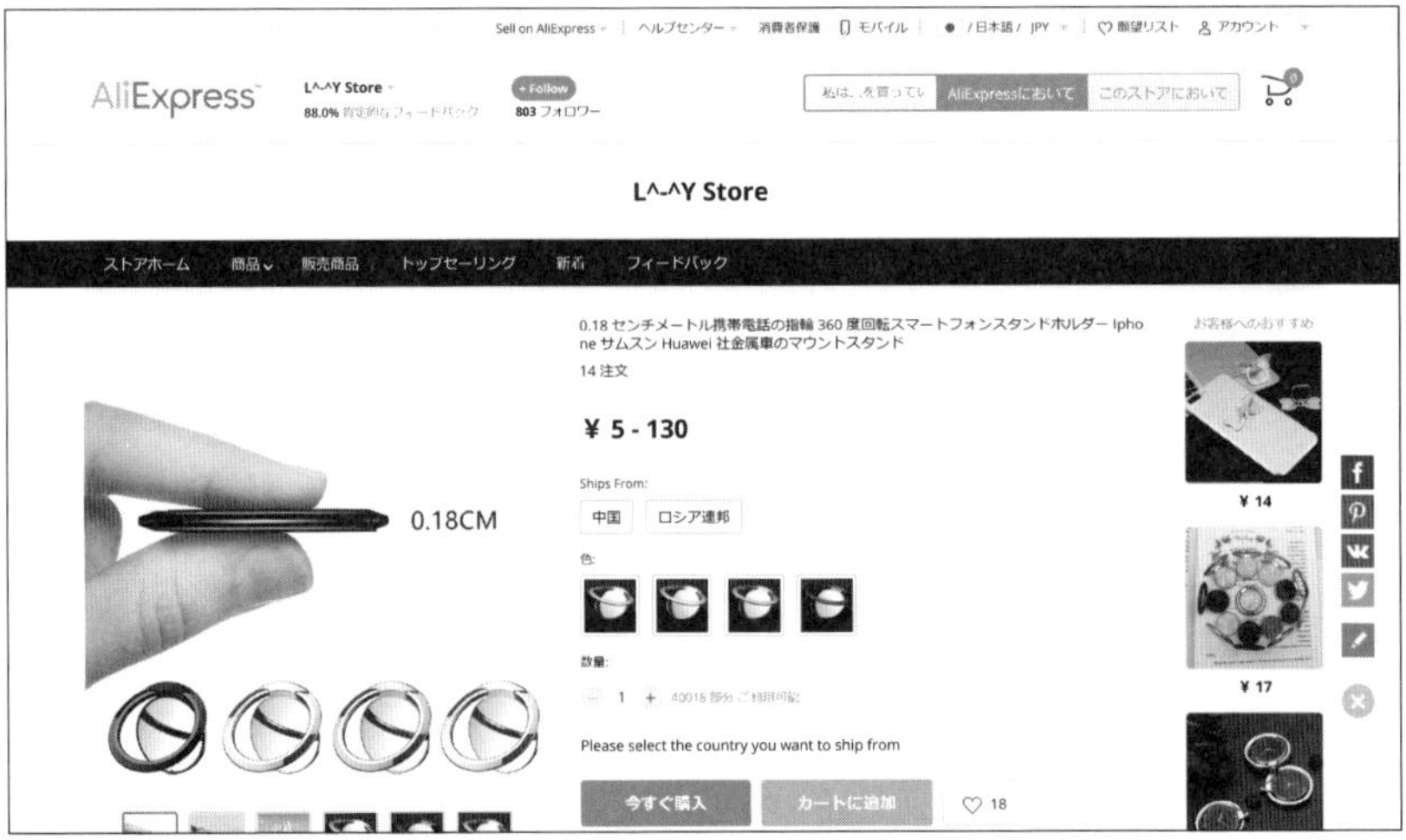

## ●4個購入する場合の配送料（無料）

## ●5個購入する場合の配送料（436円）

## 6 商品の購入手続き

合計金額に問題がなければ、カートに追加して購入手続きを開始します。商品詳細ページで購入数量（および複数の色が用意されていれば色も）を選択して「**カートに追加**」をクリックします。画面右上に表示されているカートのアイコンをクリックすると、カートに入っている商品を確認できます。

カート内の左側のチェックボックスから購入したい商品をチェックしていきます。

その際、商品価格右側の配送業者をクリックすると配送方法を選択することができます。**EMS**や**DHL**、**Fedex**のような国際宅配便を利用すると配送スピードを格段に速くできますが、配送料も大きくはね上がります。希望の配送方法を選択し、「**適用**」ボタンを押します。

配送方法の選択が完了し、右側の合計金額に問題がなければ、画面右下の「購入」をクリックします。

その後、希望の支払い方法を指定し、注文を完了させます。

配送方法と料金、おおよその配送日数が一覧表示されるので、比較して選べて便利です。

## ●カートに商品を入れる

## ●カート内の表示。配送方法の選択ができる

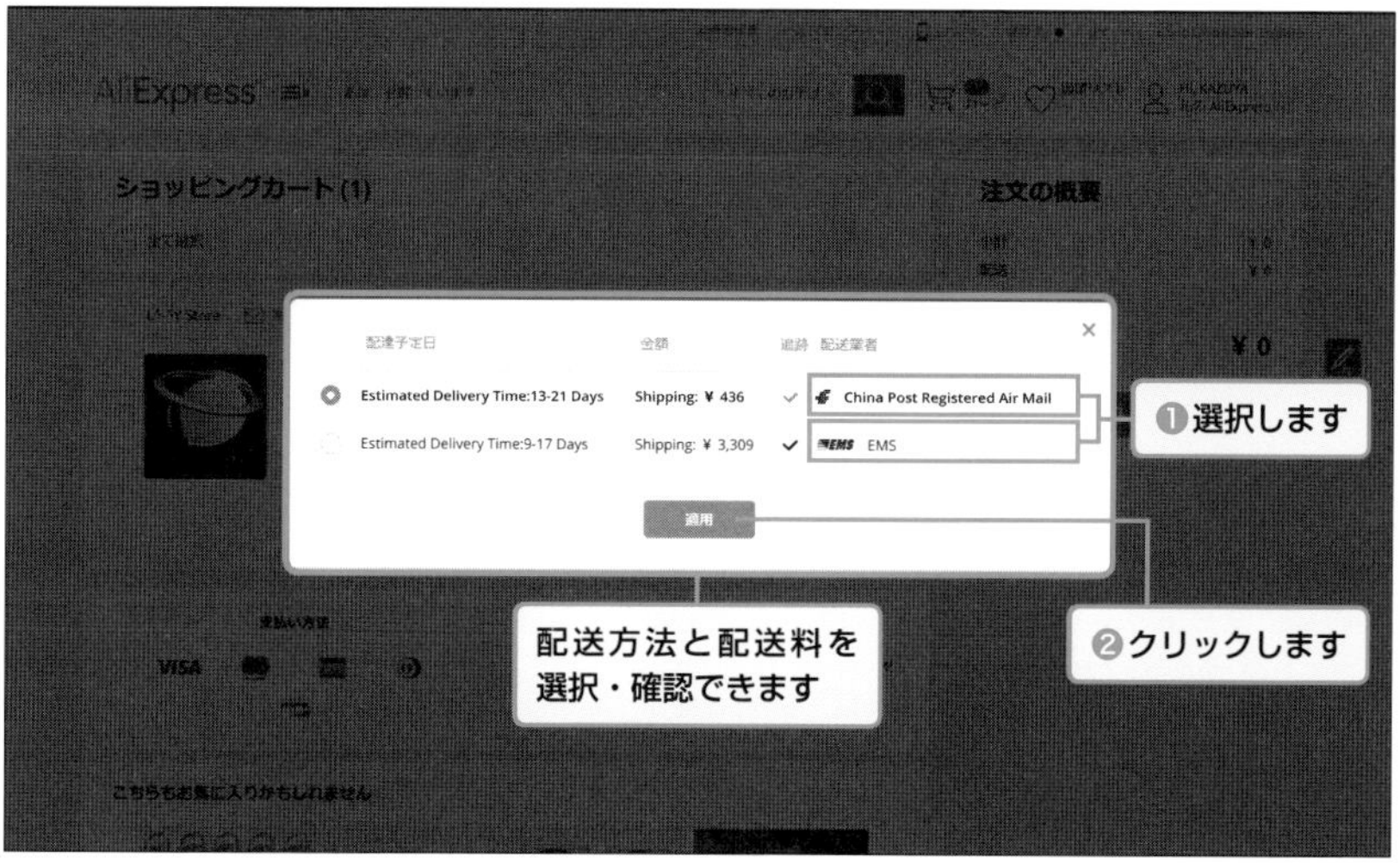

# 04 GearBestでの商品購入方法

ここでは**GearBest**で商品を購入する方法を紹介します。

## 1 アカウント登録

最初にアカウントを登録していきます。**GearBest（http://jp.gearbest.com/）**にアクセスし、画面右上の「**サインイン**」にマウスカーソルを合わせて表示されたウィンドウの「**登録**」をクリックします。

**メールアドレス**と**パスワード**の入力が完了したら「**登録**」ボタンをクリックします。

## STEP 1 GearBest トップページ（http://jp.gearbest.com/）

画面右上の「サインイン」にマウスカーソルを合わせて「登録」をクリックします。

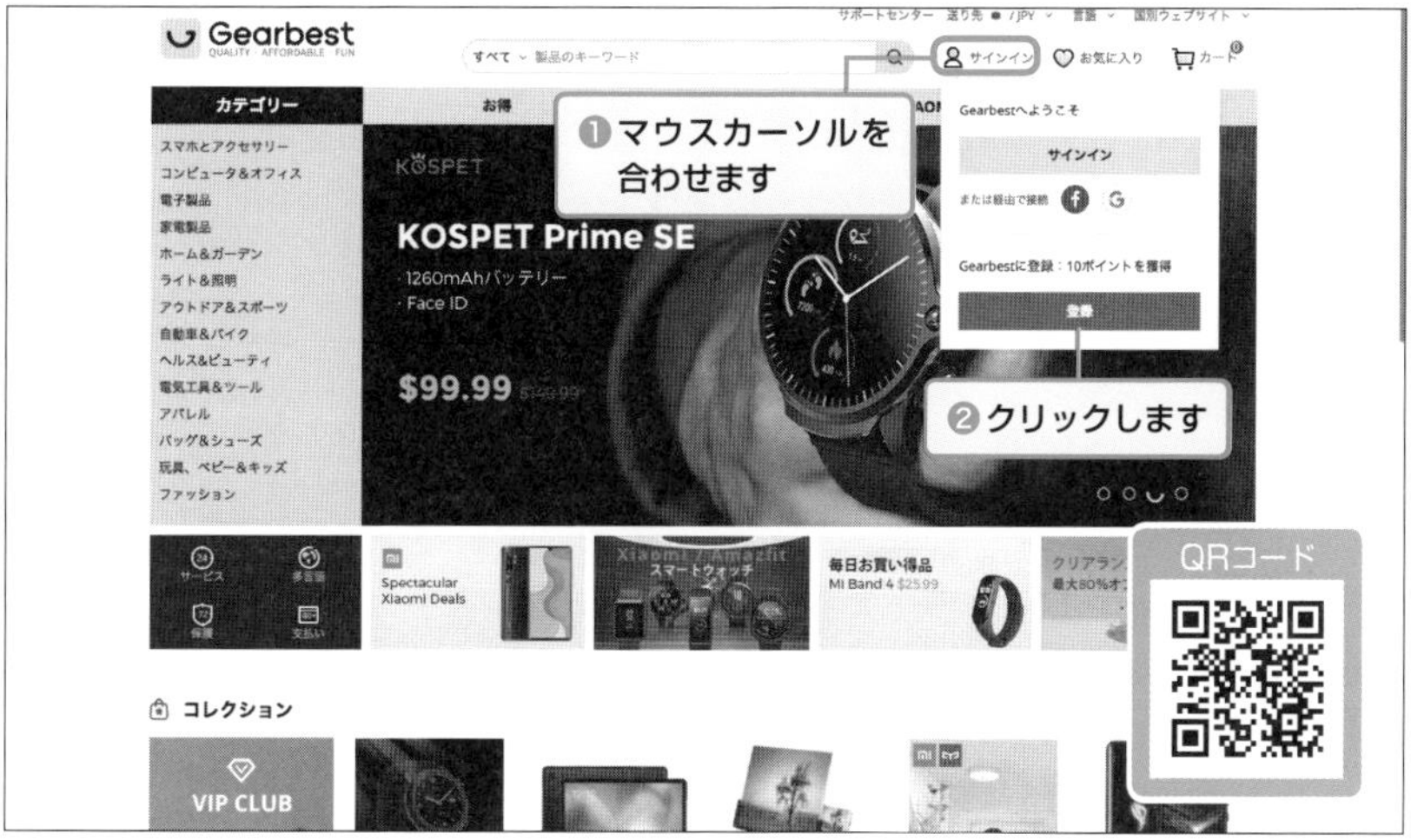


## STEP 2 アカウント情報入力ページ

「登録」タブが表示されていることを確認し、メールアドレスとパスワードを入力します。入力が完了したら「登録」ボタンをクリックします。

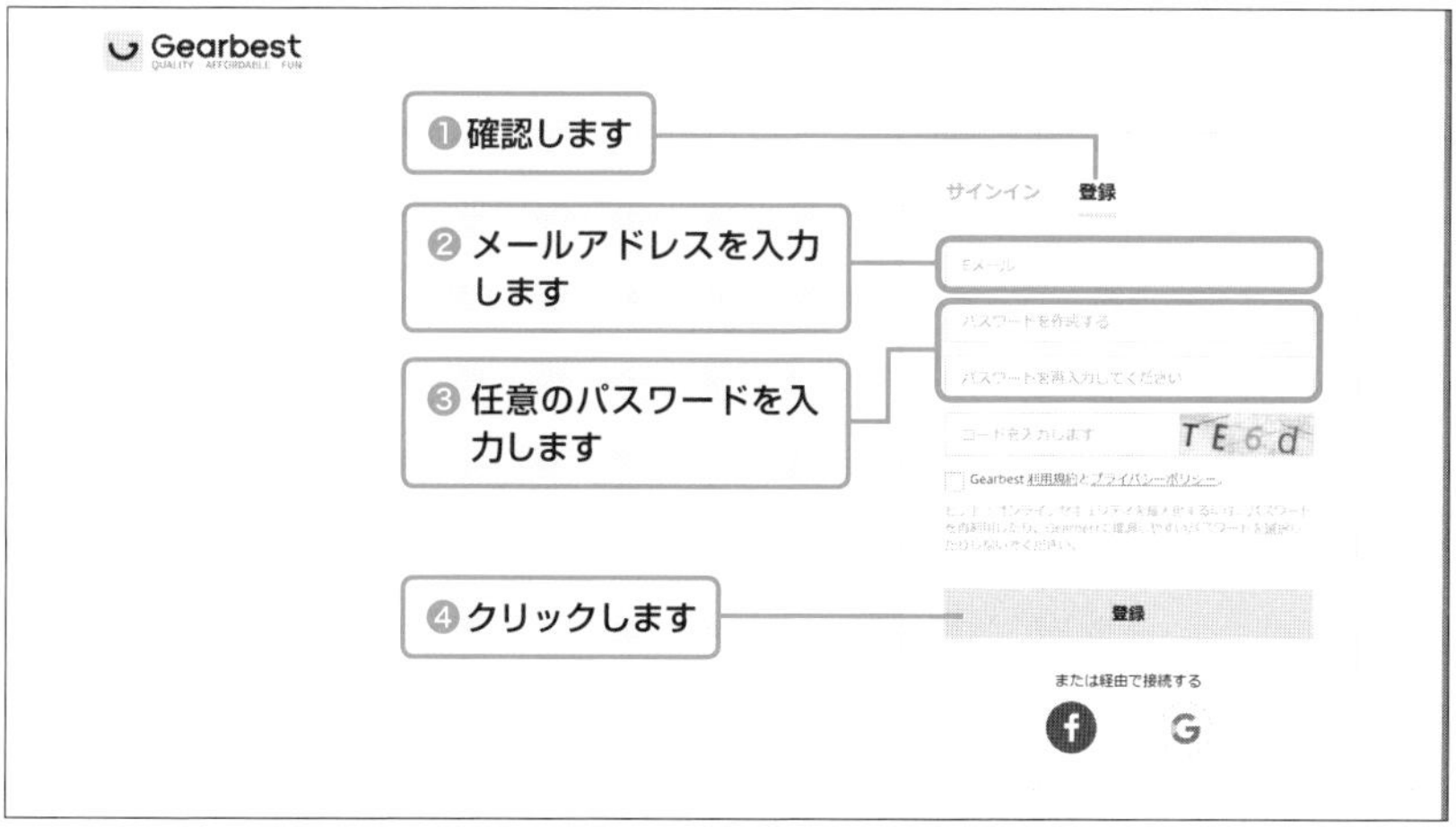

## 2 日本への配送設定

商品を探す前に、配送先の設定をしておきます。次ページ上図の画面右上部「送り先」をクリックすると、配送先の国と通貨の設定ができます。「送り先」項目を「**Japan**」に設定すると、日本への配送料が表示されるようになります。

「通貨」を「**JPY**（日本円）」にすると商品価格が日本円表示になりますが、実際の購入レートとは異なりますので、参考程度にしてください。実際の購入価格は、決済したクレジットカード会社の為替レートによって決まるためです。

## 3 商品の検索方法

実際に商品を検索してみましょう。

次ページ下図の画面上部の検索フォームにキーワードを入力します。**AliExpress**とは異なり、**GearBest**では英語でキーワード検索をします。今回は**iPhone7**のケースを探してみます。「**iphone 7 case**」で検索すると、下図の様に検索結果一覧が表示されます。

### ●配送地域と通貨の設定

### ●英語で商品検索を行う

## 4 商品の購入方法

商品購入方法を紹介します。検索結果一覧ページで、購入する商品をクリックして商品詳細ページを表示します。

### 配送費用の確認

カートに商品を入れる前に**配送費用**をチェックしてみましょう。「カートに追加」の上の「**運送**」の横のリンクをクリックすると、配送方法の選択画面が表示されます。

この商品の場合、一番上の配送方法なら送料が92円のようです。ただし、到着までに15〜28営業日ほど時間がかかります。「**Expedited Shipping**」を選択すると3〜8営業日で到着しますが、送料として1，156円が必要です。

配送料金は商品によって異なります。中には「**Expedited Shipping**」が無料のところもあるので、商品を探す場合に必ずチェックしましょう。

送料をチェックして実際に購入する場合は、「カートに追加」ボタンをクリックし、カートに商品を入れるか、または「今買う」から注文を進めます。

## ●商品詳細ページ

## ●配送方法選択

●カート画面

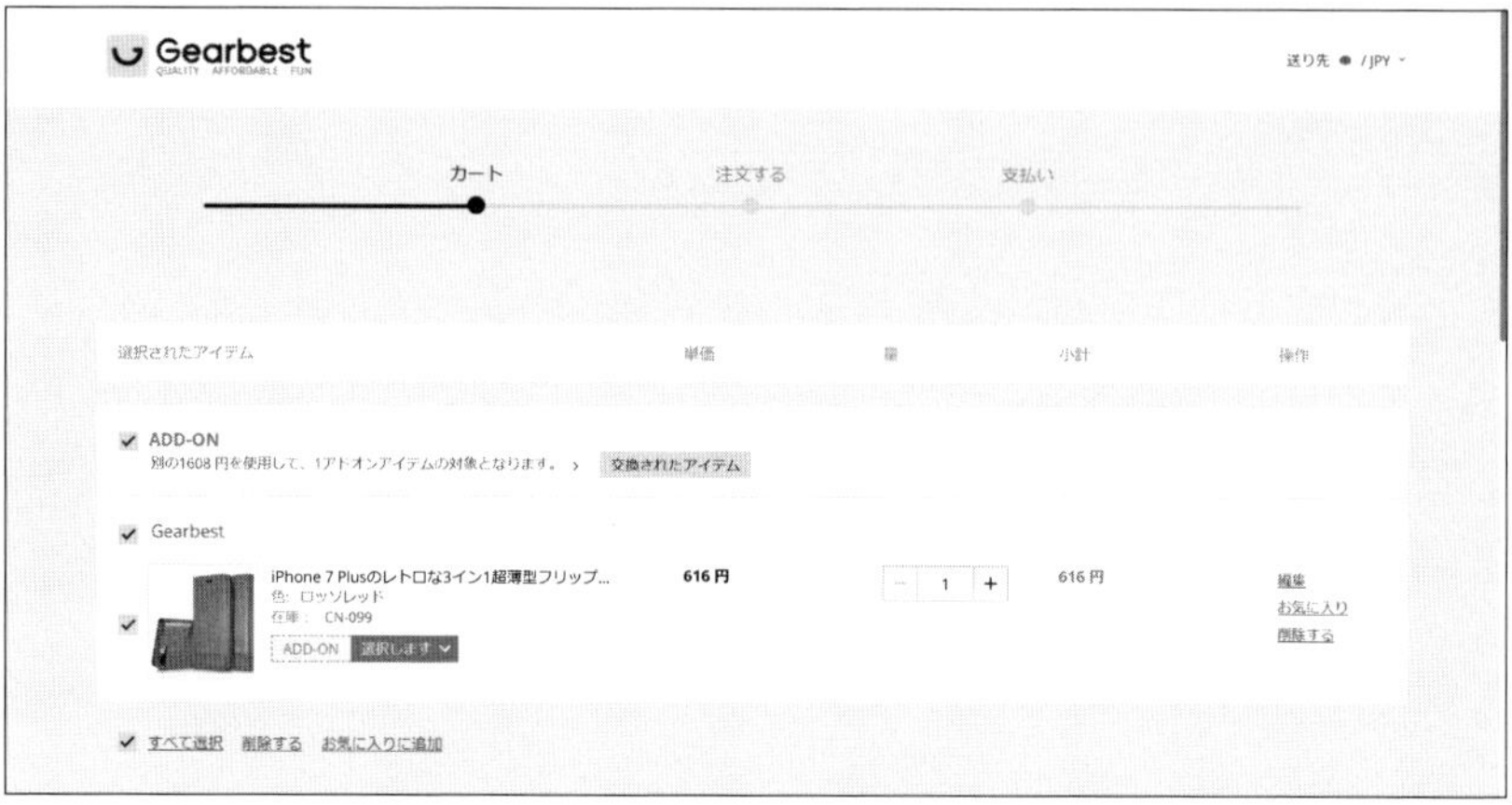


## 配送先の入力

次に、配送先の入力をしていきます。**AliExpress**同様、記入は英語で入力します。174ページの住所例を英語表記で行う場合は、次ページのようになります。日本語の住所表記を英語表記に変換してくれるサイトについては190ページのコラムを参照してください。

入力が完了したら、「確認する」をクリックして次に進みます。

## 配送方法と支払い方法の選択

続いて配送方法を選択します。さらに、支払い方法を選択します。支払いには**PayPal**やクレジットカードなどが使用できます。

支払い方法の入力が完了し、注文を確定すれば完了です。商品の到着を待ちましょう。

## ●配送住所の登録

## ●GearBest の住所英語表記

❶**ファーストネーム（名）**：KAZUYA
❷**苗字（性）**：IKEDA
❸**電子メールアドレス**：[ メールアドレス ]
❹**住所 1（番地）**：4-9-5, Iidabashi,
❺**住所 2（アパート・ビル名・部屋番号）**：Sugita Bld.4F
❻**住所 1 日本語**：飯田橋 4-9-5
❼**住所 2 日本語**：スギタビル 4F
❽**国 / 地域（国）**：Japan
❾**州 / 県（都道府県）**：Tokyo
❿**シティ（市区）**：Chiyoda-ku,
⓫**電話番号**：90XXXXXXXX
⓬**郵便番号**：102-0072

Column5

# 日本語で書いた住所を英語に自動で翻訳してくれる便利サイト

日本語での住所表記と英語での住所表記には違いがあるため、慣れていないと海外のネットショップで住所入力の際に困ることがあります。

JuDress（http://judress.tsukuenoue.com/）というサイトでは、日本語で住所を入力してボタンをクリックするだけで、簡単に英語表記の住所に変更してくれます。

**●住所変換サイト「JuDress」（http://judress.tsukuenoue.com/）**

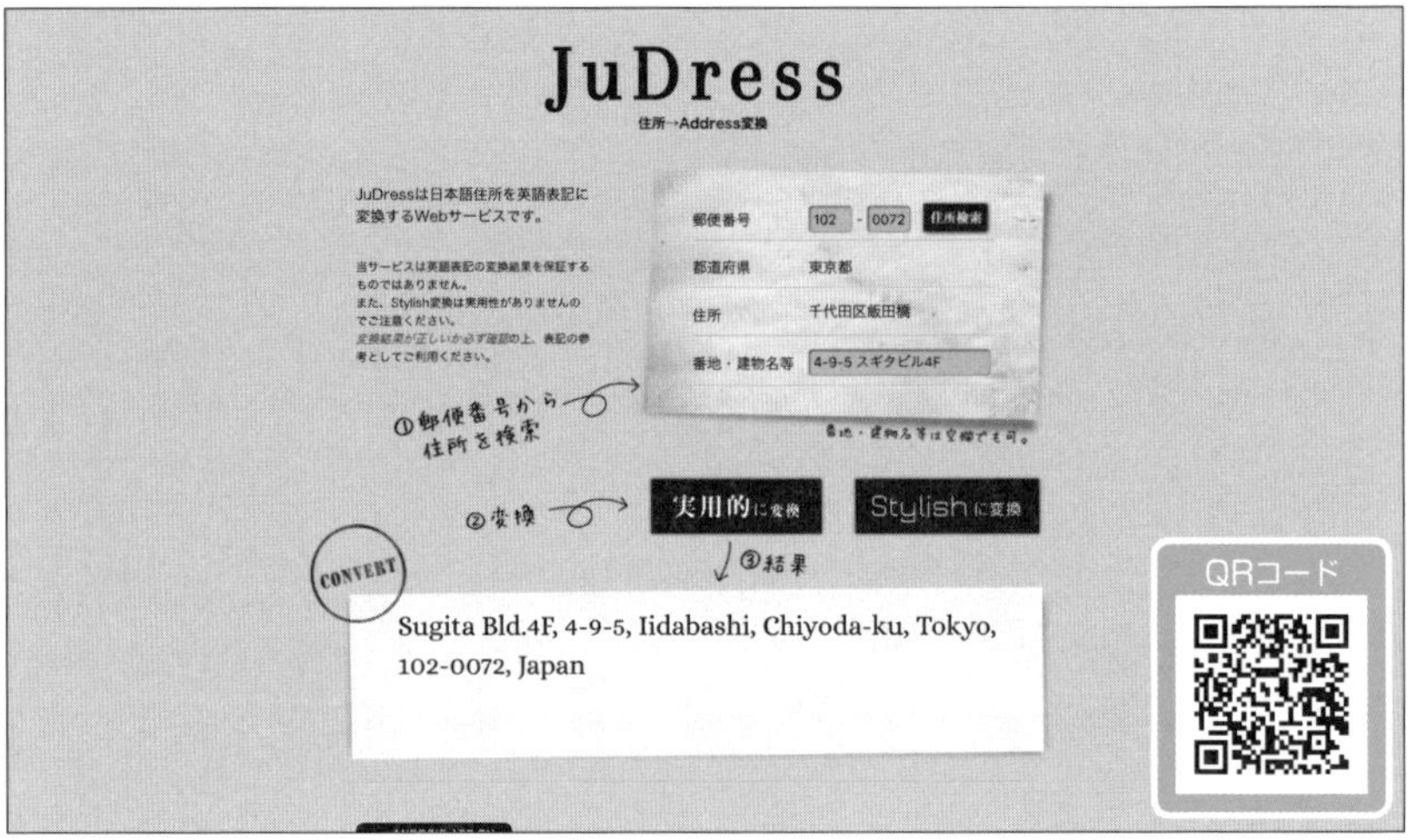

# 05 売れない場合は再出品をしよう

商品を出品したにもかかわらず売れなかったら、商品の**再出品**をしてみましょう。

## 1 メルカリでは新着商品が有利

メルカリでは**新着商品が一番上に表示される**ので、新しく出品された商品ほど人目につきやすいです。人目につくほど商品は売れやすくなります。

逆に、**古い商品はどんどん後段に流されていき、売れにくくなります**。メルカリでは毎日何十万点もの商品が出品されるため、出品から何日も経過すると、ほぼ売れなくなってしまいます。商品検索をすればもちろんヒットしますが、新着商品は「何か良い商品ないかな」と**ウィンドウショッピング**感覚で眺めている人にも訴求するので、効果が大きいのです。そこで、同じ商品を再出品する必要があるのです。

## 2 再出品の方法

**メルカリには、出品商品を簡単に再出品する仕組みは用意されていません。**再出品には、既に出品している商品の出品を取り消し、再度同じ商品の出品登録をする必要があります。

面倒な作業ですが、再出品することで売れやすくなりますので、2～3日経過しても商品が売れないようであれば再出品をしてみましょう。

## 3 再出品時の注意点

再出品は効果的ですが、次の注意が必要です。

- **出品頻度は1日1回程度に抑える**
- **既に出品されている商品は削除もしくは公開停止にする**

手作業で出品を取りやめ、
再度出品をするので面倒ですが、
売れる効果は大きいので
がんばりましょう。

## 出品頻度は1日1回程度に抑える

メルカリでは、1日あたりの商品出品数が多すぎるアカウントに制限がかかるリスクがあります。2016年12月のメルカリ側の仕様変更により、1日あたりの商品出品数が多すぎるユーザーに対して、出品した商品をタイムライン（新着商品）上に表示しない措置が取られました。これは検索結果上にも表示されないようになる制限で、**実質的な出品停止措置**と同様の対応です。

この制限にかからないために、**商品の再出品は1日あたり1回程度**に抑え、**アカウントあたりの1日の出品数は10〜15回程度**に抑えるのが懸命です。ただし、このような一日あたりの出品数の制限は、都度変更される可能性があるので、出品数に注意しながら再出品をしてください。

また、パソコンでの出品が多い場合、この制限にかかってしまうケースがあります。この場合は、スマホで出品をすると回避できるため、できるだけスマホから出品をするほうが望ましいです。

●商品の公開停止・削除

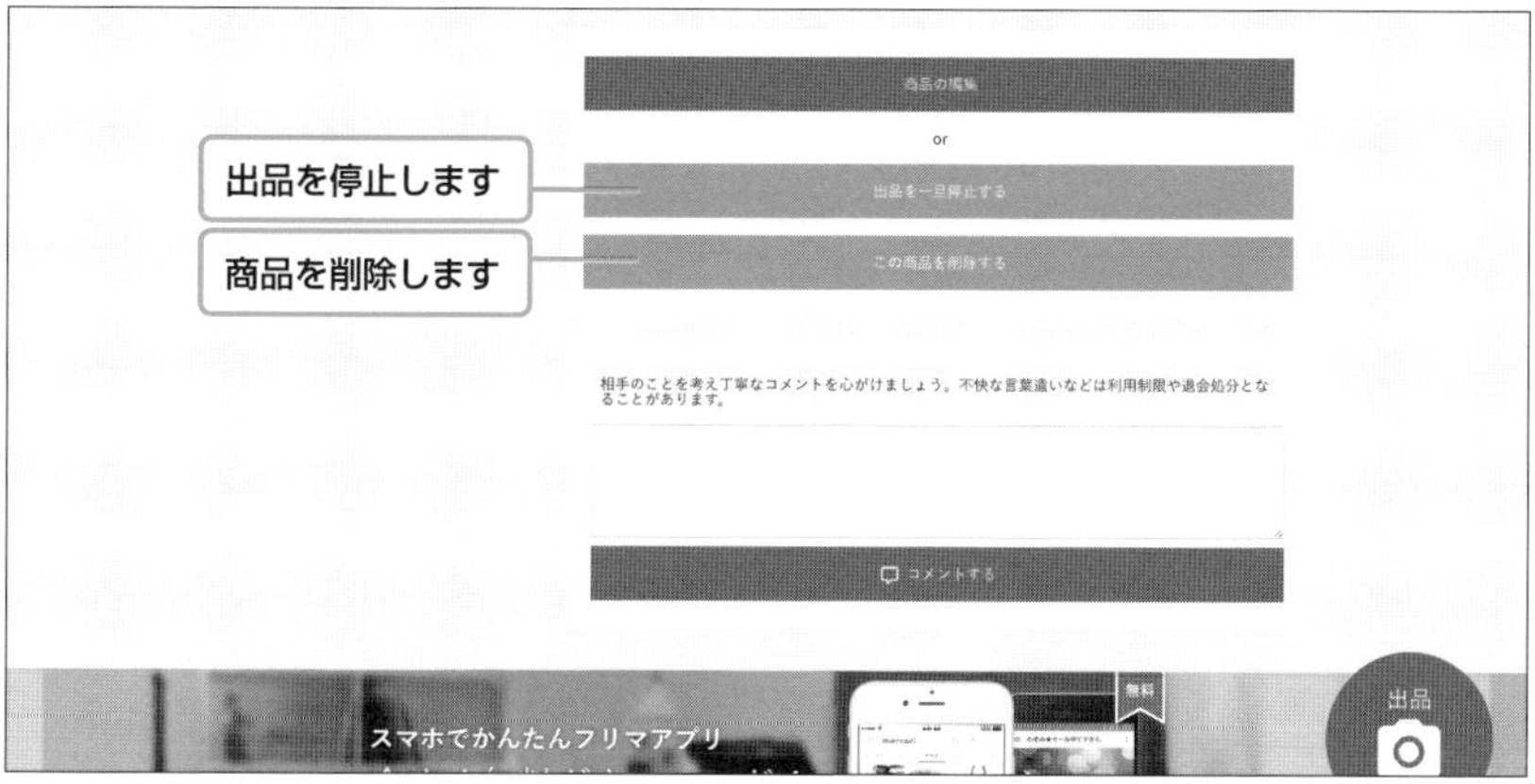

## 既に出品している商品は削除もしくは公開停止にする

メルカリでは規約上、**同じ商品の重複出品**を禁止しています。これを無視しているユーザーも多いのですが、利用規約違反はアカウント停止のリスクがありますのでやめましょう。

商品の公開停止・削除の方法は簡単です。マイページの出品中商品画面から、公開停止・削除したい商品の詳細ページにアクセスします。ページ内の下部にある「**商品を一旦停止する**」をクリックすれば、一時的に商品の公開を停止できます。停止中の商品は、簡単に出品状態に戻すこともできます。

「**この商品を削除する**」を選択すれば、商品を完全に削除します。商品内容は保存されません。

この後、再び商品の出品手続きを行います。

### 再出品のポイント

1. 新着商品の方が売れる確率が高いので、出品後時間が経って売れ残った商品は再出品しよう
2. 再出品頻度に注意する（一日一回程度、アカウントあたり10～20品程度）
3. 重複出品は避ける（削除、または公開停止）

# 06 セールで売上を拡大しよう

売上を伸ばすため、不定期に**セールを開催**しましょう。不定期にセールを開催することで、売上を伸ばせるほか、**在庫処分**や**評価の蓄積**が見込めます。

**セール例**
- **24時間限定！ 1，000円オフ！**
- **3個限定！ 50％オフ！**
- **クリスマスセール！**

セールは、**限定感**を持たせることで、購入率を高めるための方法です。期間限定や数量限定などの販売をすることで売上アップを狙うのが基本ですが、次のようなメリットもあります。

### セール開催のメリット

- 売上アップ
- 在庫処分
- 評価数を増やす

セール開催のメリットは売上げアップの他に、在庫処分や評価数を増やす効果があります。過剰に在庫を抱えてしまった場合に販売個数を増やすことで調整することができます。また、購入者からの信用を得るための評価数を増やすことにも役立ちます。

## 1 各シーズンのイベントを押さえておく

シーズンイベントのタイミングで、セールを開催するように意識しましょう。

●シーズンイベント

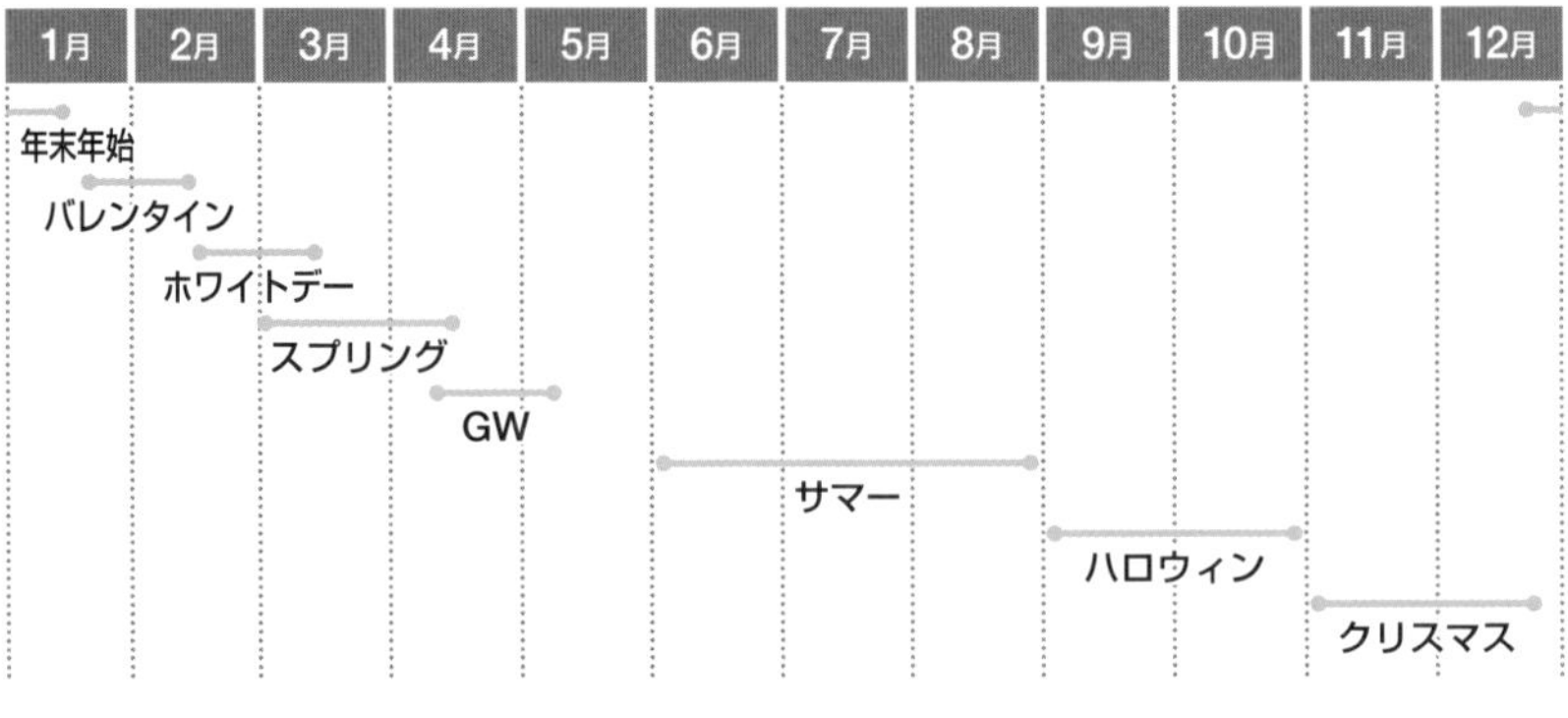
1月
2月
3月
4月
5月
6月
7月
8月
9月
10月
11月
12月
年末年始
バレンタイン
ホワイトデー
スプリング
GW
サマー
ハロウィン
クリスマス

- 年末年始
- バレンタイン
- ホワイトデー
- スプリング
- ゴールデンウィーク
- サマー
- ハロウィン
- クリスマス

## 2 セール開催時の注意点

メルカリを利用していると、年中セールをしている出品者もいます。しかし、これは**景品表示法違反**にあたります。限定表示や、通常価格の他にセール価格を表記するような**二重価格**の表示には注意をしましょう。

法的なリスク以外にも、常にセールをやっていると限定感がなくなる上、購入者からの信頼を失う原因にもなります。**セールをやりすぎるのはお勧めできません。**

### セール開催のポイント

1. セールは売上アップの他、在庫処分にも役立つ
2. シーズンイベントを意識する
3. セールが常態化すると景品表示法に触れる恐れがあるので注意

# 07 独自ブランドで競争から抜け出そう

ネット転売の問題点は、**ライバルとの差別化**が難しいことにあります。6時限目の01（132ページ）ではライバルとの差別化方法を紹介しましたが、ライバルが増え続けていけば、こうした差別化だけでは不十分です。

そこで、ある程度転売に慣れてきたら、ライバルが追随できないような差別化を考えていくことになります。それは**自社商品のブランド化**です。自社ブランド化は、初心者にはハードルが高いため、ここでは概要だけを紹介します。こうした方法もあるということだけ覚えておいてください。

## 1 自社商品のブランド化って？

自社商品のブランド化とは、読んで字のごとく、**自分が取り扱う商品を自分のブランドとして売り出す方法**です。もちろん、勝手に他社・他人の商品を自分のブランドと称して販売するのは

NGです。**ノーブランド品**と呼ばれる商品であれば、**OEM生産**をしてもらえることが多いです。

## OEM生産とは

OEM生産とは、簡単に言うと、商品を生産している会社・工場などに依頼して、**自分のブランドとして商品を生産してもらうこと**です。例えばノーブランド品に自前のロゴを入れてもらったり、パッケージを変えたりしてもらうことで、独自のブランドを作ることができます。

このように、OEM生産してもらうことで、同じ商品でもブランド化できます。ブランド化することにより独自性を出し、その他のノーブランド品との差別化を図ることができ、販売しやすくなります。

独自ブランド製品化としてお勧めなのは、**ロゴ**の他に**独自カラー**や**独自デザイン**を特注することです。もちろん、元のノーブランド製品から大幅にデザインを変える場合は、相当な費用がかかります。しかし、商品の基本デザインを変えないのであれば、そう大きな費用もかからずできるはずです。**見た目の違い**は、購入者から見てわかりやすい違いですので、効果が大きいものです。

## 2 OEM生産はどうやってするの?

OEM生産の依頼は、**AliExpress**や**Alibaba.com**で直接メーカーに交渉をしてみましょう。ノーブランド品の場合、多くの会社でOEM生産してくれます。

## OEM生産の注意点

OEM生産の注意点は、一回の**発注数が多くなる**ため、**まとまった仕入費用が必要**となることです。また、予想していたよりもOEM商品が売れなかった場合、在庫が大量に残ってしまいます。こうなると在庫保管に費用がかかります。**一番の問題は、売れないことで現金が入ってこなくなり、新しい仕入れができず、利益が出せなくなってしまうこと**です。また、海外企業へ依頼する場合は英語での交渉が基本ですので、初心者にはハードルが高いでしょう。

なお、ロゴ追加など独自デザインにした場合は、必ず一度**サンプル品を送ってもらいましょう**。海外企業に依頼する場合、日本企業のように細かい点を気にしない傾向にあるため、仕上がりの色合いや雰囲気などがこちらの意図と異なることがあるためです。

### 独自ブランドのポイント

1. OEM生産でブランドの独自化をはかる
2. 独自ロゴや独自色で特注する
3. まとまった仕入れ費用が必要
4. 在庫リスクを負うので注意
5. 必ずサンプルで確認をする

# 8時限目 いざというときに慌てないトラブル対処方法

販売後も気は抜けない！ここではトラブル対処法を解説します。落ち着いて対処しましょう。

# 01 購入者に商品が届かなかった場合

商品を発送したにもかかわらず、購入者から「**商品が届かない**」と連絡がきた場合の対処法について紹介していきます。対処方法は、配送方法によって異なります。

## 1 購入者への連絡と、配送会社への問い合わせ

まず、**購入者へ調査中である旨を連絡**します。

次に、**配送会社に問い合わせ**て状況を確認します。発送方法によって、**問い合わせ先**が異なります。

**配送方法別問い合わせ先の例**

- **宅急便／ネコポス ⬇ クロネコヤマト**
- **メルカリ便 ⬇ メルカリ事務局**

- ゆうパック ⬇ 日本郵便
- 定形／定形外郵便 ⬇ 日本郵便
- ゆうメール ⬇ 日本郵便
- クリックポスト ⬇ 日本郵便
- レターパック ⬇ 日本郵便

## 2 配送事故が発生していた場合

配送会社に問い合わせた結果、**配送事故**が起こっていた場合の対処法です。

配送事故といっても、商品の所在が特定できれば、配送が遅れているだけです。遅延が発生していることを、お詫びとともに購入者に伝えましょう。

**商品の所在が不明**の場合は対応が面倒です。商品の所在が不明な場合、**配送補償**が付いているかが重要になります。

### 補償がある場合

配送事故に対して補償がある配送方法であった場合でも、配送方法によって商品の金額補償や運賃補償などが異なります。購入者がどのような対処を希望するかを確認し、それに合わせて対処をしましょう。

**補償がある配送方法の一例**
- 宅急便／ネコポス　⬇クロネコヤマト
- ゆうゆうメルカリ便／らくらくメルカリ便　⬇メルカリ事務局
- ゆうパック　⬇日本郵便

## 補償がない場合

次のような配送補償がない配送方法で配送事故が発生した場合は、**購入者と相談して対応を決める**必要があります。

**補償がない配送方法の例**
- 定形／定形外郵便
- ゆうメール
- クリックポスト

## ●レターパック

補償がない配送方法の場合、配送事故発生時は購入者との相談で対応を決めます。この際のポイントは次の2点です。

● **配送方法を決めたのはどちらか**
● **配送事故時の対応を、商品説明内に明記しているか否か**

まず、配送補償がない商品の配送方法を「**どちらが決めたのか**」が重要です。購入者が希望した場合は、購入者の責任が大きいと言えます。一方、出品側（自分）が決めた場合は、出品側の責任として再送・返品をする必要があります。

ただし、出品側が配送方法を決めた場合でも、商品説明内に「**配送事故の場合、返金には応じられません**」と明記していれば、購入者は同意の上で購入したと主張できます。返金しないという対応をとることも可能です。

## 3 対応でトラブルになった場合

### 配送事故時は誠意ある対応を！

購入者側から見ると、追跡のない方法で配送してトラブルが発生した場合、本当に配送事故が起きたのか、**出品者が事故を装ってだましているのか**がわかりません。最悪のケースでは、出品者が嘘をついてお金をだまし取ろうとしているのではと疑われ、警察沙汰になってしまう恐れもあります。

そのため、配送事故時の対応は、とても繊細に行う必要があります。購入者への誠意を示す意味でも、出品者としてできる限りの対応をする必要があります。

### 郵便局への調査依頼

先述しましたが、配送事故発生時に問題になりやすいのが、**定形外郵便**などの**追跡方法のない配送方法**です。追跡番号がないため、そもそも本当に発送したかどうかが購入者にはわかりません。

追跡方法のない配送方法で、その問題を完全に回避する手段はありません。ただ、だからといって何もしないのでは、**購入者への説明が足りない**とも言えます。

そこで、郵便局への調査依頼の方法を紹介します。郵便局には「**郵便物等事故調査依頼処理システム**」というものがあります。このページで、必要事項を入力して調査を依頼しましょう。調査依頼の際に、「いつどこで投函したのか」「発送費はいくらだったのか」「どういう封筒か」などの配送に関わる詳細情報の記入が必要になります。発送時の状況はきちんと覚えておきましょう。

このように調査依頼を行っていることと、調査結果が出たら適宜購入者に伝えることで、出品者としての誠意を示すことが大切です。

## 4 トラブルへの備え

こうしたトラブルは、避けては通れないものです。いつ発生しても大丈夫なように、あらかじめ対処をしておきましょう。具体的には次のようなことが考えられます。

●**郵便物等事故調査依頼処理システム**
**(https://yubin-chousa.jpi.post.japanpost.jp/omoushide/top.do)**

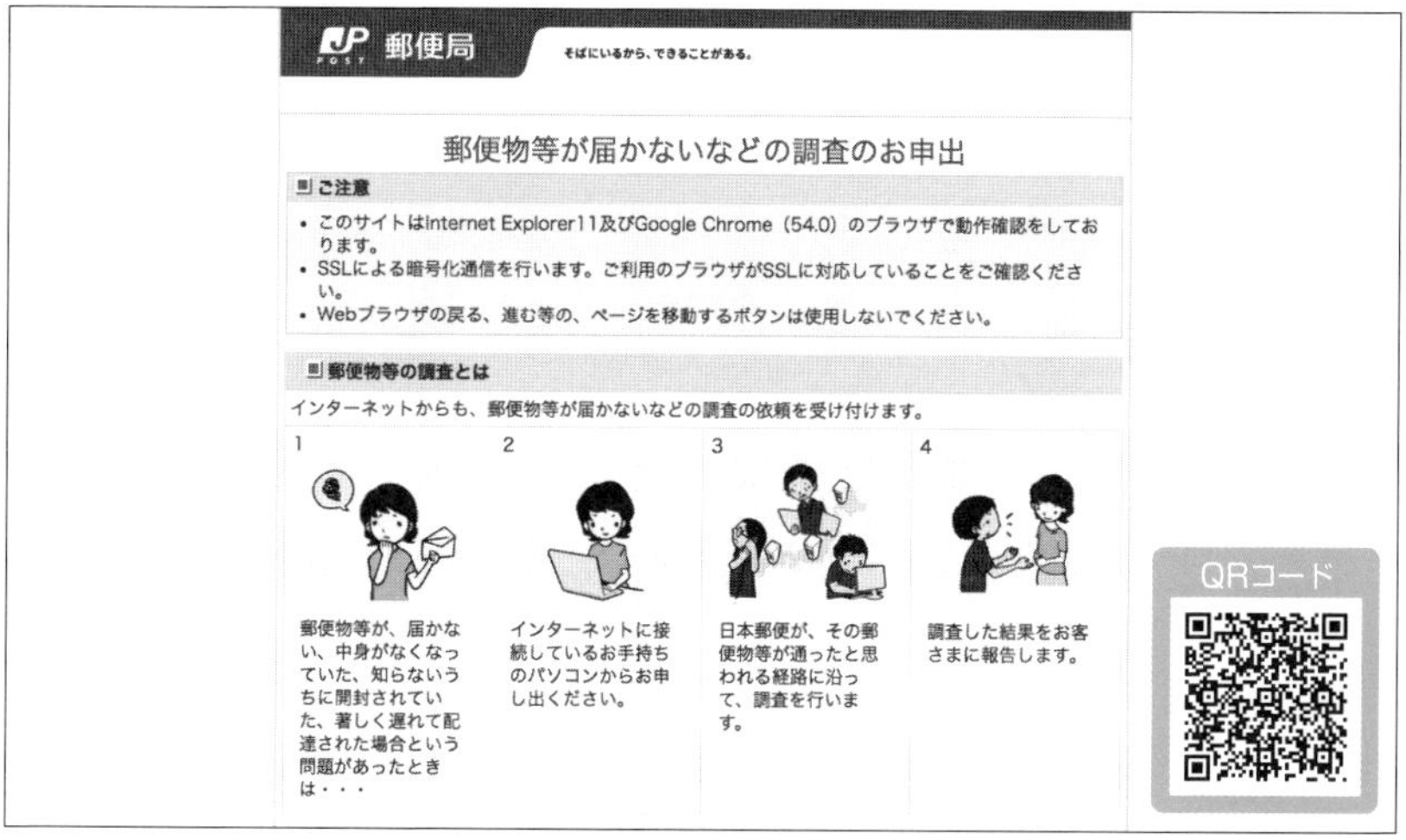
郵便局
そばにいるから、できることがある。
郵便物等が届かないなどの調査のお申出
ご注意
• このサイトはInternet Explorer11及びGoogle Chrome（54.0）のブラウザで動作確認をしております。
• SSLによる暗号化通信を行います。ご利用のブラウザがSSLに対応していることをご確認ください。
• Webブラウザの戻る、進む等の、ページを移動するボタンは使用しないでください。
郵便物等の調査とは
インターネットからも、郵便物等が届かないなどの調査の依頼を受け付けます。
1
郵便物等が、届かない、中身がなくなっていた、知らないうちに開封されていた、著しく遅れて配達された場合という問題があったときは・・・
2
インターネットに接続しているお手持ちのパソコンからお申し出ください。
3
日本郵便が、その郵便物等が通ったと思われる経路に沿って、調査を行います。
4
調査した結果をお客さまに報告します。
QRコード

## ●販売価格にリスク分の価格を上乗せする
## ●配送補償のある配送サービスを徹底する

一番良いのは、**原価の約2倍の利益が出るように販売価格を設定**できれば、配送事故が起きてもプラスマイナス０で収まります。このように、いつトラブルが起きても良いように価格設定を考えることも重要です。

配送事故は免責という条件で出品して返金に応じないケースはもちろん、配送事故が発生した場合に返金または再発送対応をした場合でも、**配送事故が発生した時点で既に遅延している**わけですし、**購入者視点で考えると納得し難い**ものです。そのため、取引トラブルに発展することもあります。

もしトラブルに発展して、当事者間では解決できなくなった場合は、**メルカリ事務局へ相談**しましょう（事務局への問い合わせは２１４ページを参照）。

### 配送事故の対処のポイント

1. 速やかに購入者と運送会社へ連絡する
2. 補償がある場合は、配送会社へ連絡する
3. 補償がない場合は、責任がどちらにあるかを明確にする
4. できるだけ誠意を持って対応しよう

# 02 交換依頼があった場合

購入者が商品を受け取った後に、**商品交換**を求めてきた場合の対応を紹介します。

メルカリは利用規約で「**返品不可にはできない**」ことを定めています。そのため、**正当な理由による購入者から交換依頼や返品要望があった場合は、応じなければなりません**。今回はその対処法を解説します。

## 1 基本的な流れ

### 1 状況の確認

交換の責任が出品者・購入者どちらにあるかを明確化し、どちらが送料を負担するかなどを話し合います。

### 2 商品の返送確認

購入者から商品を返送してもらいます。返送不要な場合（例えば初期不良品）であれば、商品を購入者に破棄してもらいます。

**3 商品の再発送・キャンセル手続き**

商品の返送を確認したら再発送、もしくはメルカリ上で「キャンセル」手続きを行います。

**4 取引完了**

交換の場合は、再発送した商品が無事購入者の元へ届いたら購入者に「受取評価」をしてもらい、出品者が「購入者の評価」を行って取引を終了させます。

## 2 出品者都合での交換

**出品者の都合での交換**とは、次のようなケースです。

- **初期不良品を送ってしまった**
- **注文と異なる商品を発送してしまった**

こちら側の都合で商品を交換する場合は、当然ながら**交換にかかる送料は出品者が負担**します。その場合の送料は、返送、再発送にかかる送料です。

また、こちらの誤発送が原因でキャンセルを申し出された場合は、キャンセルや返金に応じましょう。こちらのミスが原因ですので、全ての責任は出品側にあります。

## 3 購入者都合での交換

**購入者都合での交換・返品・キャンセル**を依頼された場合は、その理由にこちらに不備が含まれているかどうかが重要です。商品説明と実際の商品が違った場合などは、返品・キャンセルなどに応じる必要があります。

しかし、**こちら（出品側）に不備がない場合は、基本的に応じる必要はありません**。もし返品を受け付ける場合は、商品の返送に関わる費用などを全て購入者に負担してもらいましょう。

## 4 返送時の注意点

出品者都合、購入者都合に関わらず、返品・交換に応じる際は、次の点に注意しましょう。

- **必ず「商品の返送」を確認してから、再送・キャンセル手続きをする**
- **商品の返送には「追跡番号」がある配送方法を指定する**

商品の交換・キャンセルをする場合は、まず相手から商品の返送を待ちましょう。必ず手元に商品が届いてから、商品の再送やキャンセル手続きをします。そうしないと、万が一商品が届かなかった場合にトラブルが拡大します。

同じ理由で、商品の返送の際には必ず「**追跡番号**」のある（追跡可能な）配送方法を指定しましょう。相手が返送したという証明になるためです。

以上を踏まえて、出品者都合による返品は、原則「**着払い**」で配送してもらうのが良いでしょう。追跡番号があり、返送料もこちらで支払えるため、都合が良いのです。

## 返送ではなく破棄してもらった方が安いケースも

商品価格よりも返送料の方が高くなるような場合や、作業負担や時間が割に合わない場合などに、商品の返送は諦めて、新しく商品を発送する方がトータルで安くなることがあります。商品価格によって返送するか、破棄してもらうかを判断しましょう。

## 購入者都合の返品は必ず追跡番号のある配送方法で

購入者都合の返品の場合は、追跡番号のある配送方法を指定して返送してもらいましょう。購入者都合による返品の場合、なかなか返送をしてくれないケースがあります。**返送作業が確実に完了するまでは、メルカリ上での交換・キャンセル処理はしない**でください。

また、こちらが追跡番号のある配送方法による返送を要求したにもかかわらず、追跡番号がない配送方法で返送され、そのうえ万が一にも配送事故が発生した場合は、交換やキャンセルには応じられないことを、あらかじめ伝えておきましょう。

## トラブルは放置しない

**返品トラブルの場合は、やりとりを放置しない**よう注意が必要です。トラブルを放置すると、メルカリ事務局に強制的に取引をキャンセルされてしまう恐れがあります。

返品を受け入れ、購入者に返送依頼を出した場合でも、実際に商品が返ってくるまで安心はできません。何らかの理由で商品が手元に戻ってこないのを放置して待っていると、メルカリ事務局から連絡があります。その連絡を無視し、さらに購入者に返送催促をしないなど放置してしまうと、注文自体がキャンセルされてしまいます。

その場合、売上金が入らないだけでなく、商品も戻ってこないという最悪な状況になります。トラブルへの対応は素早く丁寧に行い、かつ放置しないよう心がけましょう。

### 交換依頼があった場合のポイント

1. 責任がどちらにあるかを明確にして、どちらが費用負担するかを決める
2. 返品には追跡番号のある配送方法を利用する
3. 返品確認後に取引キャンセルを行う
4. トラブルを放置しない

# 03 困ったときはメルカリ事務局へ問い合わせよう

こんな時はメルカリ事務局を頼ろう
- 当人同士でトラブルを解決できない
- 購入者と連絡が取れない／受取評価をしてもらえない

## 1 事務局へ問い合わせするケース

取引トラブルで本当に困ったときは、**メルカリ事務局に問い合わせ**をしましょう。基本的に、取引終了後（お互いの評価が終わった後）メルカリ事務局は不介入ですが、念のため問い合わせをしておいたほうが安心です。

購入者と連絡が取れない場合などでも問い合わせをする機会があるので、ここではメルカリ事務局への問い合わせ方法を紹介します。

## 当人同士でトラブルを解決できない

トラブルが発生した際に、購入者とのやり取りが平行線で、自分たちで解決できそうにないと考えた場合は、メルカリ事務局に問い合わせをしましょう。

## 購入者と連絡が取れない／受取評価をしてもらえない

商品を発送して購入者が受け取っても、受取評価をしてもらえないことがあります。**受取評価をもらえないと取引が終了しないため、売上金が計上されません。**

購入者に取引メッセージを送っても反応がない場合は、一定期間経過後にメルカリ事務局に問い合わせすることで、事務局が受取評価をしてくれます。それで取引が終了して、売上金を受け取ることができます。

**一定期間経過後にメルカリ事務局に問い合わせ**

- **発送通知をした8日後の13時以降**
- **購入者の最後の取引メッセージから3日後の13時以降**

## 2 事務局への問い合わせ方法

### マイページから問い合わせをしよう

**マイページ**のサイドメニューの「**お問い合わせ**」をクリックします。項目の中で該当するものを選択します。例えば「トラブルがあった」を選択してみましょう。

「商品ＩＤ」に該当する商品ＩＤを入力し、「出品者」を選択します。さらに、具体的なトラブルの内容を入力します。

なお商品ＩＤは、ＵＲＬで簡単に確認できます。商品詳細ページのＵＲＬの、ｍから始まる文字列の数字の部分が商品ＩＤです。

必要事項を入力したら送信します。メルカリ事務局からの返信は、メルカリ上のお知らせに通知されます。

**●お問い合わせ項目を選択**

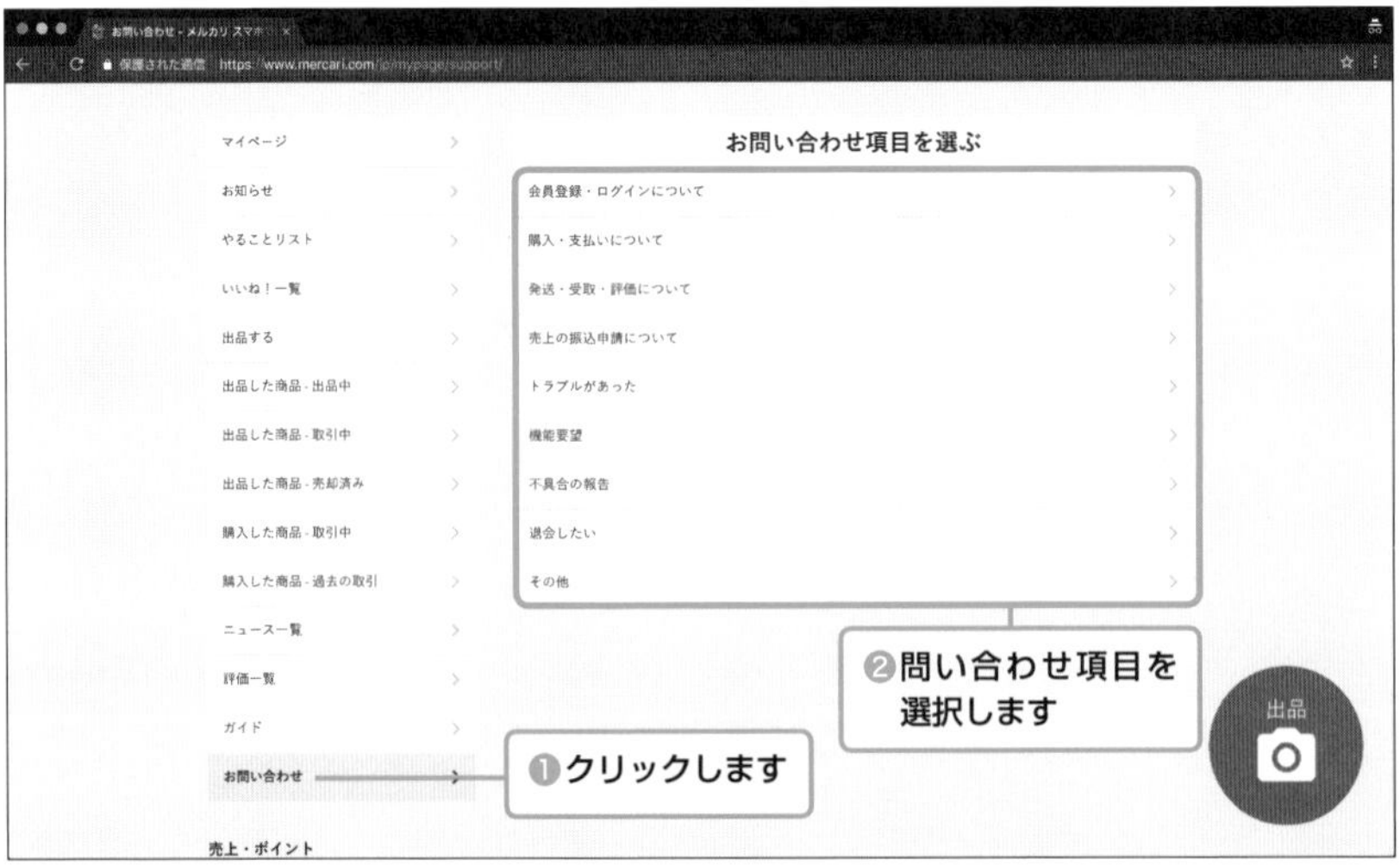

## ●問い合わせ詳細の入力

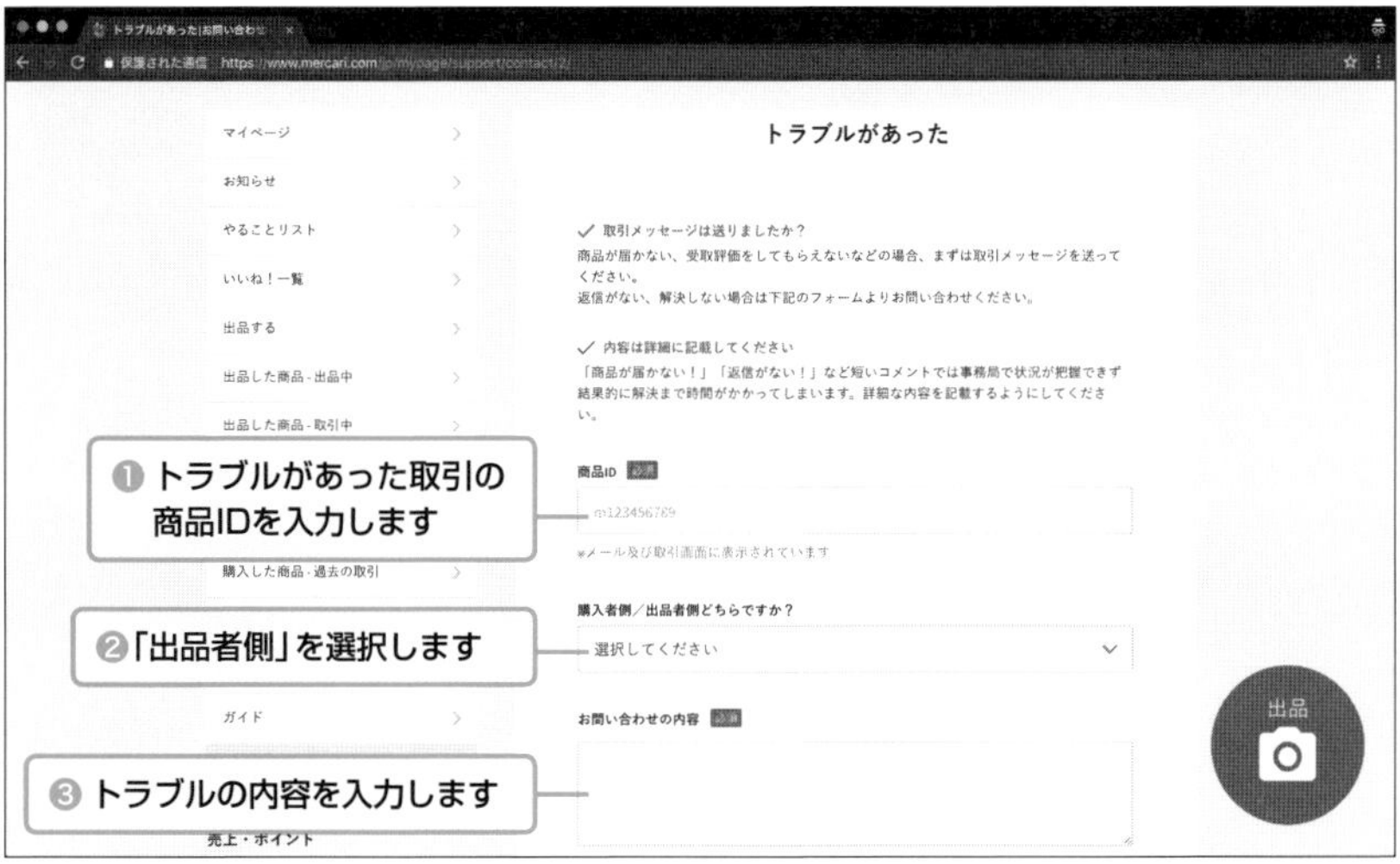
トラブルがあった
マイページ
お知らせ
やることリスト
いいね！一覧
出品する
出品した商品 - 出品中
出品した商品 - 取引中
購入した商品 - 過去の取引
ガイド
売上・ポイント
取引メッセージは送りましたか？
商品が届かない、受取評価をしてもらえないなどの場合、まずは取引メッセージを送ってください。
返信がない、解決しない場合は下記のフォームよりお問い合わせください。
内容は詳細に記載してください
「商品が届かない！」「返信がない！」など短いコメントでは事務局で状況が把握できず結果的に解決まで時間がかかってしまいます。詳細な内容を記載するようにしてください。
商品ID 必須
m123456789
購入者側／出品者側どちらですか？
選択してください
お問い合わせの内容 必須
出品
❶トラブルがあった取引の商品IDを入力します
❷「出品者側」を選択します
❸トラブルの内容を入力します

## ●商品 ID の確認

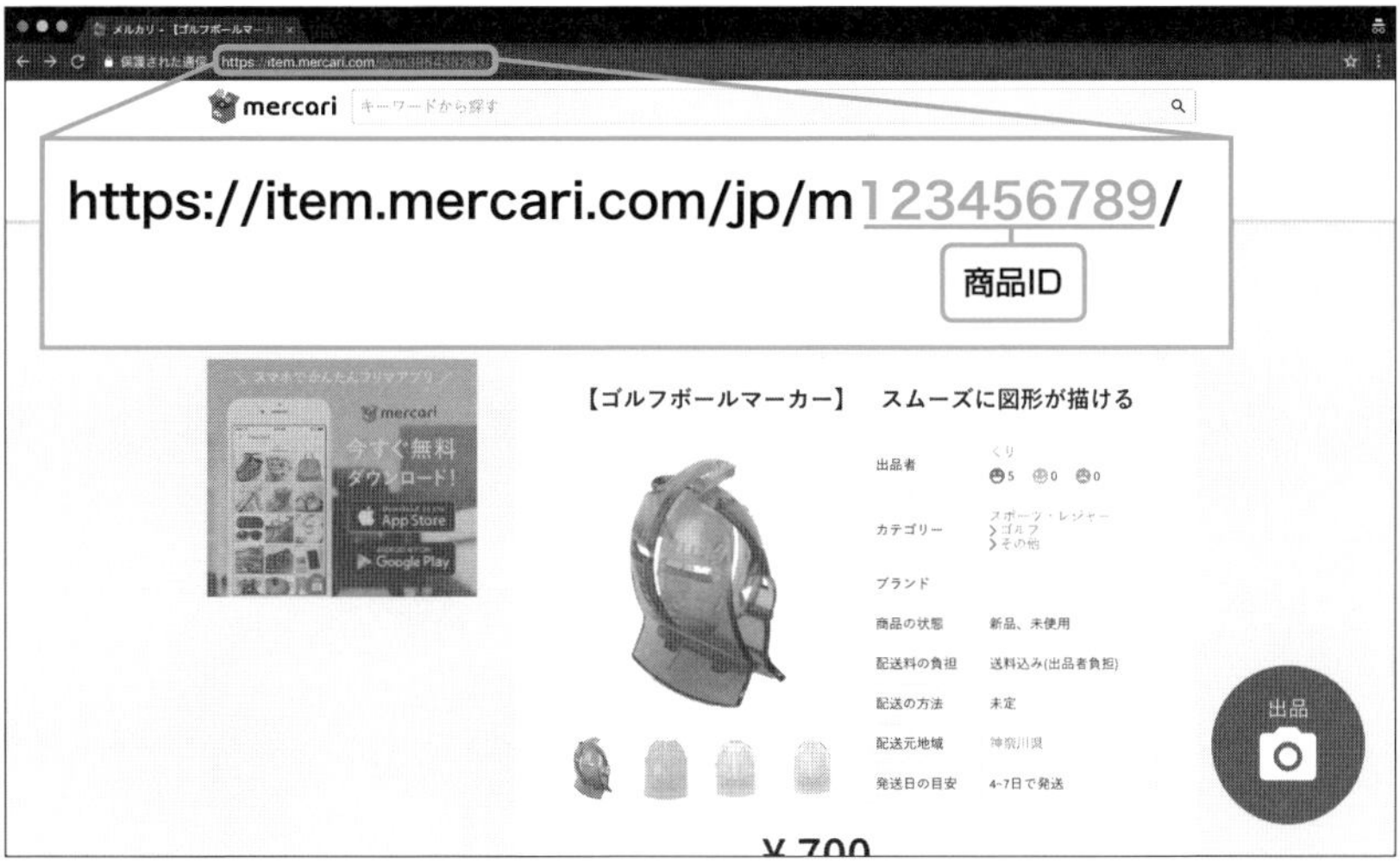
mercari
キーワードから探す
https://item.mercari.com/jp/m123456789/
商品ID
【ゴルフボールマーカー】 スムーズに図形が描ける
出品者
カテゴリー
ブランド
商品の状態 新品、未使用
配送料の負担 送料込み(出品者負担)
配送の方法 未定
配送元地域
発送日の目安 4~7日で発送
出品

## 3 問い合わせに対する事務局からの返事

問い合わせをしても、すぐに返事があるとは限りません。場合によっては回答まで数日かかることもあるようです。回答はメルカリアプリ上のメッセージ（通知から辿るか、メルカリメニュー➡「ニュース」で表示）で送信されるほか、メルカリに登録したメールアドレス宛にも送信されます。

### 事務局への問い合わせのポイント

1. 当人間で解決しない場合や、購入者と連絡が取れない場合、受取評価をしてもらえない場合などは、メルカリ事務局へ問い合わせしよう
2. 事務局への問い合わせはマイページから行う

Column 6

# 転売を始める前に要チェック！古物営業法

メルカリ転売をする上で注意しなければならないのが「古物営業法」です。古物営業法とは、古物（中古品）を取り扱う際に関わる法律です。無許可で古物の売買をした場合、3年以下の懲役又は100万円以下の罰金という重い罰を受ける恐れがあるので、転売を始める際には、自分の手法が古物営業にあたるかを必ず確認しましょう。

## そもそも「古物」とは

警視庁の公式ホームページによると、「古物とは、一度使用された物品、若しくは使用されない物品で使用のために取引されたもの又はこれらの物品に幾分の手入れをしたもの」（http://www.keishicho.metro.tokyo.jp/tetsuzuki/kobutsu/kobutsu/faq.html#cmsq1）と定義しています。

簡単に言えば、古物とは「中古品」のことです。新品ではない商品である古物を転売目的で売買するためには、「古物商」の許可申請が必要です。つまり、メルカリ販売に古物を扱うのであれば、この古物商許可を申請する必要があるのです。

新品を仕入れて販売するならば関係ない、と思うかもしれませんが、必ずしもそうではありません。注意したいのが次のようなケースです。

先ほどの警視庁のホームページのQ&Aからの引用です。

**Q5** 外国に行って雑貨などを買ってきて、日本で売る場合は、許可が必要ですか？

**A** 販売者自身が外国で買い付けをして国内に輸入したものを売るのみであれば、古物商の許可は必要ありません。しかし､他の業者が輸入したものを日本国内で買い取って売る場合は、国内の被害品が混在する可能性があるので、許可が必要になります。

つまり、Amazonやヤフオク！などで購入した海外製商品を仕入れて転売する場合は、このケースにあたる可能性があります。

次ページへ

## 古物商許可が必要なのか？

この古物商許可にかかわる解釈は人によって様々です。古物商許可は、管轄の警察署に申請する必要がありますが、各都道府県で解釈が異なる可能性があります。そのため、転売を始める前に、管轄の警察署に相談に行くのが無難です。

古物営業法は、偽ブランド品や窃盗品の流通を防ぐための法律ですので、無許可営業の罰則が重く定められています。知らずに法に触れる前に、古物営業についてきちんと認識しておきましょう。

### ●古物営業法の解説（https://www.keishicho.metro.tokyo.jp/smph/tetsuzuki/kobutsu/kaisetsu/kaisetsu.html）

警視庁
Metropolitan Police Department
サイトマップ

古物営業法の解説

更新日：2019年12月14日

- 古物営業法の目的（第1条）
- 許可が受けられない場合（第4条）
- 古物とは（第2条第1項）
- 許可の取消し等（第6条）
- 古物営業とは（第2条第2項）
- 「行商」と「営業の制限」

**古物営業法の目的（第1条）**

古物営業法は、取引される古物の中に窃盗の被害品等が混在するおそれがあることから、盗品等の売買の防止、被害品の早期発見により窃盗その他の犯罪を防止し、被害を迅速に回復することを目的としています。

**古物とは（第2条第1項）**

一度使用された物品、新品でも使用のために取引された物品、又はこれらのものに幾分の手入れをした物品を「古物」といいます。
古物は、古物営業法施行規則により、次の13品目に分類されています。

1. **美術品類**
あらゆる物品について、美術的価値を有しているもの
（例）絵画、書、彫刻、工芸品、登録火縄銃・登録日本刀
2. **衣類**
繊維製品、革製品等で、主として身にまとうもの
（例）着物、洋服、その他の衣料品、敷物類、テーブル掛け、布団、帽子、旗
3. **時計・宝飾品類**
そのものの外見的な特徴について使用する者の嗜好によって選択され、身につけて使用される飾り物
4. **自動車**
自動車及びその物の本来的用法として自動車の一部として使用される物品
（例）その部分品を含みます。タイヤ、バンパー、カーナビ、サイドミラー等
5. **自動二輪車及び原動機付自転車**
自動二輪車及び原動機付自転車並びに、その物の本来的用法として自動二輪車及び原動機付自転車の一部として使用される物品
（例）タイヤ、サイドミラー等
6. **自転車類**
自転車及びその物の本来的用法として自転車の一部として使用される物品
（例）空気入れ、かご、カバー等
7. **写真機類**
プリズム、レンズ、反射鏡等を組み合わせて作った写真機、顕微鏡、分光器等
（例）カメラ、レンズ、ビデオカメラ、望遠鏡、双眼鏡、光学機器
8. **事務機器類**
主として計算、記録、連絡等の能率を向上させるために使用される機械及び器具
（例）レジスター、タイプライター、パソコン、ワープロ、コピー機、ファックス、シュレッダー、計算機
9. **機械工具類**
電機によって駆動する機械及び器具並びに他の物品の生産、修理等のために使用される機械及び器具のうち、事務機器
10. （例）工作機械、土木機械、医療機器類、家庭電化製品、家庭用ゲーム機、電話機
11. **道具類**
上記及び下記に掲げる物品以外のもの
（例）家具、楽器、運動用具、CD、DVD、ゲームソフト、玩具類、トレーディングカード、日用雑貨

QRコード

# おわりに

以上が最新のメルカリで稼ぐためのノウハウです。今回は改訂版ということで、前著の内容を最新状況に合わせ、細かい点をアップデートしました。前回に引き続き読んだ人は「あまり内容が変わっていない」と感じたかもしれません。しかし、これは著者としては良いことだと考えています。**前著から約3年たった今も、これらが有効で稼げる手法である**ということだからです。

初めて読んだ人は、まずは実際に試してみてください。副業としては、株式投資やFX、アフィリエイト、せどり、最近ではYouTuberやブロガー、請負ライターなど様々な稼ぐ方法がありま す。筆者はこれらの多くを実際にやってきて、どれも収益化させましたが、収益化にかかるまでの時間や手間、難しさはメルカリ販売の比ではありません。筆者の経験上、メルカリでの販売が最も手軽に始められて、収益化できるまでのスピードが早いため、他の方法よりもお勧めしています。

成功するかどうかの分かれ道は「**行動できるか否か**」です。本業や主婦業の傍ら、メルカリ転売で毎月数万円の利益が出たら、それだけで人生が少し幸福になるかもしれません。

本書では物販で注意するべき法律等にも触れました。世の中には、普通に生活しているだけでは気づかない法律がたくさんあります。ある程度の利益が出れば確定申告も必要です。転売に限らず自分でお金を稼ぐ上では、ルールを遵守して取り組む必要があります。

それでは、またいつかどこかでお会いできる日を楽しみにしています。

**もっと 世界一《せかいいち》やさしい メルカリ転売《てんばい》の教科書《きょうかしょ》 1年生《ねんせい》**

**2020年 2月29日 初版第1刷発行**

著　者　池田一弥
発行人　柳澤淳一
編集人　久保田賢二
発行所　株式会社　ソーテック社
〒102-0072 東京都千代田区飯田橋 4-9-5　スギタビル 4F
電話：注文専用　03-3262-5320
FAX：　03-3262-5326
印刷所　大日本印刷株式会社


ISBN978-4-8007-2079-5